O Santuário

James Martin, SJ

O Santuário

Tradução
Markus Hediger

HarperCollinsBrasil
Rio de Janeiro, 2016

Título original: The Abbey

Rua Nova Jerusalém, 345 – Bonsucesso – 21042-235
Rio de Janeiro – RJ – Brasil
Tel.: (21) 3882-8200 – Fax: (21) 3882-8212/8313

CIP-Brasil. Catalogação na Publicação
Sindicato Nacional dos Editores de Livros, RJ

M334s

Martin, James, 1960-
O santuário / James Martin ; tradução Markus Hediger.
– 1. ed. – Rio de Janeiro : HarperCollins Brasil, 2016.
208 p. ; 23 cm.

Tradução de: The abbey
ISBN 978.85.6980.960-9

1. Ficção americana. I. Hediger, Markus. II. Título.

16-33355 CDD: 813
CDU: 821.111(73)-3

Para M.

I

Quando a bola de beisebol atravessou sua janela, ele estava pensando em Ted Williams.

Certa vez, Mark havia lido que o grande jogador dos Red Sox alegava que, quando uma bola rápida se aproximava dele na base inicial, ele conseguia ver a costura da bola. Mark não viu a costura, mas estava ciente de que a bola vinha diretamente em sua direção. Uma bola a meia altura, o comentarista diria no rádio, e ele quase conseguia ouvir os jogos dos Red Sox que seu pai ouvia durante o verão. Na época, os meses de junho, julho e agosto haviam parecido um único e infinito jogo de beisebol.

Durante um breve momento, a bola parecia congelada no ar, para então ficar cada vez maior, como um globo que se expandia rapidamente.

Ele deu um salto para o lado pouco antes de a bola atravessar o vidro, chocar-se contra a estante de livros de madeira de ácer atrás dele como se fosse um receptor, derrubar os livros de bolso amarelados e cair no tapete com um barulho recatado.

— Droga! — ele disse, sem se dirigir a nenhuma pessoa específica.

Ele olhou pelo vidro quebrado para o jardim vizinho. Ele sabia exatamente onde precisava procurar. Era onde eles sempre jogavam bola e faziam barulho demais. Os três garotos adolescentes que viviam em seu quarteirão eram amigáveis, mas às vezes perturbavam.

Ele os viu e gritou em sua direção:

— O que vocês estavam fazendo?

— Perdão! — respondeu um trio de vozes adolescentes.

O jardim vizinho ficava poucos metros abaixo do seu. Mark nunca descobriu a causa desses desníveis estranhos em sua vizinhança, mas alguns gramados eram mais altos do que os outros. Às vezes, ele temia que sua casa fosse engolida por um daqueles buracos monstruosos que ele via no noticiário, mas provavelmente tratava-se apenas de uma depressão natural, nada especial. Agora, isso o colocava numa posição de observação elevada: aqui, de seu refúgio envidraçado no térreo, ele olhou para os garotos como que de uma grande altura.

— Já é quase meia-noite! — ele gritou. Isso era claramente um exagero. Eram apenas nove horas da noite, mas a raiva o fez ignorar o erro. Ele repetiu suas palavras em voz ainda mais alta.

— O que vocês estão fazendo jogando beisebol no meio da noite? — *E quem*, ele perguntou a si mesmo, *ainda quebra janelas de vidro com uma bola de beisebol hoje em dia*? Ele se sentiu transportado para um sitcom da década de 1960.

Os três garotos escalaram o declive e entraram no jardim de Mark. Pararam a poucos metros da sua janela e tentaram, em vão, esconder seu fascínio diante da destruição que haviam causado enquanto contemplavam os cacos de vidro que reluziam na grama escura.

Era estranho ver os três garotos parados ali. Normalmente, ele os via correndo pela vizinhança, ou em suas bicicletas ou, mais recentemente, num dos carros de seus pais. Poucos dias atrás, ele quase atropelara um deles andando de bicicleta, com as mãos erguidas para o ar. Mas agora estavam fincados ali, aparentemente paralisados pela culpa. Enquanto se aproximavam lentamente da janela quebrada, Mark percebeu como sua empatia afastou a irritação.

— É..., perdão, Mark — um deles disse, levantando os olhos. Logo se corrigiu: — Senhor Matthews. — Seus rostos erguidos os faziam parecer mais jovens do que eram — tinham dezesseis anos.

Que nome estúpido, Mark pensou, não pela primeira vez. Estúpido para todos, menos para pessoas religiosas, que costumavam perguntar: "Você tem irmãos chamados Lucas e João?" Muito tempo atrás, ele jurou que, se viesse a ter filhos, não lhes daria o nome de alguém que tivesse escrito um evangelho.

Quando saía com uma mulher, ele costumava perguntar que nomes ela daria a seus filhos, o que ou as assustava ou as levava a crer que em breve ganhariam um anel. Por isso, parou de perguntar. Mas de vez em quando, antes de cair no sono, ele ficava pensando em nomes para seus filhos. Aos trinta anos de idade, ele estava começando a se perguntar se encontraria alguém...

Os três garotos ficaram olhando para ele. Mark deu um passo para a frente e sentiu os cacos de vidro sob seus sapatos. Amanhã ele teria que contar isso para Anne, a dona da casa. Ela faria um escândalo. Lembrando-se disso, Mark se irritou novamente.

— Quem pagará por essa bagunça? — perguntou, soando igual ao seu pai. Havia um roteiro interno para esse tipo de evento que seu disco rígido mental acessava automaticamente?

— Bem... a gente — disse Brad, que Mark acreditava ser o líder do grupo. — Tudo bem para o senhor?

— Sim, tudo bem — ele disse. — Eu sei que foi um acidente. Eu também costumava fazer coisas idiotas. E eu sei que todos vocês são bons garotos. — Seus rostos relaxaram um pouco. Um dos garotos sorriu de alívio, se deu conta e retomou sua postura abatida. — Então — Mark disse, — voltem amanhã, e descobriremos quanto isso vai custar.

— Ok. — Eles se despediram e partiram em três direções diferentes, um com o bastão e cada um com sua própria luva. O pequeno incidente conseguira perturbá-los, abalar o clima amigável da noite e levá-los para casa.

Mark se lembrou daquilo que o pai de Brad dissera quando seu filho passou no exame de habilitação. Mark estava lavando seu carro, quando Brad estacionou na frente da garagem vizinha após seu tão esperado exame no departamento de trânsito. O garoto estava tão agitado que se esqueceu de agir com ar de indiferença.

— Mark, eu passei! — ele gritou pela janela aberta enquanto buzinava. — Passei, passei, passei! — Brad saiu do carro, bateu a porta, subiu correndo os degraus até sua casa e, quase arrombando a porta, gritou: — Mamãe, passei!

Seu pai, um homem pesado, sorriu dissimuladamente ao sair do carro.

— Parabéns — disse Mark. — Dezesseis anos, já? Essa criançada cresce rápido, não?

— Você deve estar brincando — o pai disse. — Foram os dezesseis anos mais longos da minha vida!

Mark olhou para o jardim escuro e ouviu os grilos cantarem. Ele pensou: *Eu deveria cobrir a janela com um plástico depois de limpar essa bagunça.*

2

Enquanto esticava seu corpo esguio na cama, o primeiro pensamento que passou pela cabeça de Mark não foi que hoje era sábado e que ele poderia descansar após ter gasto a maior parte da semana passada lixando e pintando a cerca do monastério, mas que ele teria que contar à dona de sua casa que a janela estava quebrada e pedir a ela o contato de algum vidraceiro. Anne costumava ser chata com isso.

— Se você tiver que fazer qualquer tipo de reparo — ela disse quando ele assinou o contrato de aluguel, — eu quero saber. E eu quero lhe dizer quem você deve contratar. Não quero que você chame qualquer idiota.

Olhando diretamente em seus olhos, ele conseguiu se conter e não lembrá-la de que ele era um carpinteiro experiente, e também arquiteto. Ela parecia ler sua mente, algo que o alarmava e atraía ao mesmo tempo.

— Eu sei que você é carpinteiro — ela disse —, mas não é nada pessoal. Eu simplesmente gosto de saber quem está trabalhando na casa. Com certeza você entende.

Ele consentiu educadamente.

Algumas horas mais tarde, com o sol ardendo no céu e as cigarras anunciando a chuva, ele foi procurar Anne, que morava a poucos metros de sua casa. Mark já se sentia dono do quarteirão, apesar de morar ali há apenas um ano. "Minha vizinhança", ele gostava de dizer aos amigos, algo que ele não havia dito desde sua infância em Boston. Construídas no final da década de 1950, as casas baixas de tijolo sobre solo acidentado eram mantidas em perfeita ordem por seus donos, principalmente casais jovens com filhos, casais mais velhos, cujos filhos já haviam saído de casa, e viúvos. Mark era o raro caso de somente um locatário, algo que, no início, provocara a curiosidade e também a suspeita dos vizinhos. Mas através de trabalhos práticos — como ajudar a construir um muro de pedra para o jardim de um vizinho, ajudar a aperfeiçoar a técnica de estuque de outro, tirar neve da calçada quando as vizinhas idosas o pediam (elas pareciam se esconder em suas casas e só saíam quando alguma obrigação as chamava) e ser amigável com os garotos adolescentes, que pareciam admirá-lo por causa das mulheres atraentes que ele trazia para casa — após alguns meses, ele conseguiu conquistar seu lugar na vizinhança.

A rua é linda na primavera, ele pensou. Os áceres estavam abrindo suas verdes folhas pálidas, os cornisos apresentavam suas flores brancas e as cerejeiras ornamentais ostentavam suas pétalas rosadas. E, justamente nesta semana, os arbustos de lilases estavam começando a florescer. Ontem, antes de sair para o trabalho, Mark havia parado para inalar o ar florido. O único barulho dissonante vinha dos sopradores de folhas e dos cortadores de grama, que espantavam o silêncio nos finais de semana de primavera, verão e outono.

A casa de Anne se parecia com a sua própria casa; ela havia insistido nisso. Os mesmos arbustos de teixo cuidadosamente aparados, os mesmos canteiros de flores demarcados por pedras, os mesmos postes de luz pretos anunciavam à vizinhança que as casas de número 105 e 111 pertenciam a ela. Mark ouvira que seu ex-marido implorara que as casas fossem pelo menos pintadas de cores diferentes. Aparentemente, essa foi uma das poucas batalhas que ele conseguira vencer. Assim, a casa de Anne ostentava a cor vermelha, e a de Mark — ou melhor, a outra casa de Anne —, a cor branca.

Havia uma janela de vidro oval no centro da porta principal, de modo que Mark conseguia ver a sala. Ele bateu levemente na porta:

— Alguém em casa?

Imediatamente, o pequeno cachorro irritante de sua senhoria desceu pela escada, se postou na frente da janela e latiu freneticamente. Quando Mark não se afastou, o cachorro passou a rosnar e mostrar os dentes. Enquanto Mark fixava seu olhar no cachorro, ele examinou o reflexo de seu cabelo comprido cor de areia. Ele deveria passar no cabelereiro. *O que leva as pessoas a comprar esses cachorros pequenos?*

Anne apareceu e abriu a porta.

— Cale a boca! — Percebendo a surpresa no rosto de Mark, ela acrescentou: — Perdão. Esse cachorro é maluco.

Ela afastou o cachorro com seu pé esquerdo, abriu a porta com a tela protetora contra insetos e saiu, quase empurrando Mark pelos degraus de concreto. Educadamente, ele deu um passo para trás, descendo um degrau. Agora eles estavam mais ou menos à mesma altura.

— Que calor! — ela disse, referindo-se ao dia. Aos quarenta anos de idade, Anne era linda. Seu cabelo castanho estava amarrado num rabo de cavalo, e algumas mechas de cabelo enfeitavam sua testa, e apenas algumas rugas quase imperceptíveis adornavam seus olhos azuis. Hoje, ela estava vestindo calças de ioga cinza, chinelos cor de rosa e uma camiseta branca e verde do Philadelphia Eagles.

— Pois é — ele disse, — acho que vamos ter um dia de muito calor.

— Terrível! — ela concordou, olhando para o céu. — Odeio essa umidade. E então, como você está, Mark? Ainda fazendo o trabalho que aqueles homens deveriam fazer por conta própria?

Quando Mark conheceu Anne e lhe descreveu o trabalho que faria no monastério, Anne havia reagido com veemência.

— Pintar, varrer as folhas, consertar encanamentos, é algo que as pessoas deveriam ser capazes de fazer. Até eu faço isso! — ela disse.

— Não é que eles não queiram fazer esse tipo de trabalho — Mark respondeu, tentando evitar uma discussão. — É que eles não dão conta de tudo, e alguns já são bastante idosos. Além do mais, alguns não dominam esse tipo de trabalho. Esses caras são gente fina, mesmo — bem, a maioria pelo menos — mas dê-lhes um martelo e não saberão por onde pegá-lo. Alguns, porém, são muito talentosos. O frei Michael, por exemplo, construiu grande parte do monastério com suas próprias mãos. Na verdade, foi ele quem projetou a casa de hóspedes e...

— Sei — ela o interrompeu, parecendo irritada.

Mark queria defender os monges, mas então se lembrou por que ele havia vindo até aqui e como ela se irritaria ainda mais quando soubesse o que havia acontecido com a janela. Em vez disso, ele disse sem constrangimento:

— Em todo caso, eu gosto da fábrica de geleia Felipe e Thiago.

Ela franziu as sobrancelhas e olhou para ele.

— É assim que eu chamo o monastério — ele disse. — Você sabe que eles fazem geleia lá, não sabe?

— Sim, sei disso.

— Então, eles produzem geleia... e o monastério é o santuário de São Felipe e São Thiago.

— Sei. — Ela o olhava como se tentasse achar um jeito de se livrar dele. — Então, o que o traz aqui?

— Bem, você não vai gostar disso.

— O que foi que aconteceu agora?

— Ontem à noite, alguns garotos estavam jogando beisebol no jardim ao lado e rebateram uma bola que atravessou a janela dos fundos.

— Jesus Cristo — ela suspirou, parecendo mais cansada do que irritada.

— Não se preocupe — ele disse —, eu posso chamar um vidraceiro. Você sabe, alguém que conserta janelas.

— Eu sei o que é um *vidraceiro*.

— Desculpe, não quis insultar — Mark disse, enrubescido. — É fácil resolver isso. A estrutura da janela não foi danificada. E os garotos disseram que pagariam pelo estrago.

— Você quer dizer que seus pais pagarão — ela disse. — Vou lhe dar o contato do cara que eu costumo contratar.

Quando ela abriu a porta, ele sentiu o frio do ar condicionado acariciar suas pernas. O cachorro tentou avançar, mas foi impedido pelo pé de Anne. O animal latiu para trás da porta, enquanto Mark observou como Anne vasculhava as gavetas de uma escrivaninha em sua sala. Nas paredes, ele viu quadros com fotos de Anne e suas amigas, e muitas fotos de seu filho. Uma delas era uma foto da escola; à frente de um fundo falso de céu azul e lindas nuvens brancas, ele sorria, vestindo uma camisa branca. Com seu cabelo castanho e sua pele clara, ele se parecia muito com Anne.

— Aqui — ela disse, entregando-lhe um cartão de visitas pela porta aberta. — Ligue para ele. Ele sabe o que faz. Perdão pela minha pressa. Tenho uma aula de ioga daqui a pouco e um milhão de coisas para fazer. De resto, tudo bem com a casa? — O cachorro continuava latindo.

— Claro — Mark respondeu. — E realmente gosto de morar naquela casa.

— Que bom — ela disse, abrindo um sorriso. — Aproveite o dia. Fique bem. — Ela fechou a porta. Ele ouviu sua voz abafada: — Cale a boca, cachorro lunático!

Quando desceu para a rua, o trio de garotos quebradores de vidro passaram em skates surrados, conversando uns com os outros. Quando viram Mark, eles se calaram, evidentemente lembrando-se do incidente noturno. Mas quando ele acenou para eles, seus skates pararam na calçada.

— Ei, Mark — disse Brad, estendendo sua mão. — Entregaremos o dinheiro em breve.

Mark apertou a mão de Brad.

Os outros dois seguiram seu exemplo, oferecendo suas desculpas mudas com mãos estendidas. Então, caíram na conversa superficial de sempre, expressando sua surpresa sobre a bola rápida que atravessou a janela. Ficaram mais animados.

— *Caramba!* — John disse. — Não pude acreditar! Ficamos *aterrorizados* quando vimos para onde a bola ia! Que bom que você levou na boa.

— Sem problemas, garotos — Mark respondeu —, mas tenham cuidado.

John franziu as sobrancelhas e deu uma olhada para a casa de Anne:

— Você também, cara.

Mark revirou os olhos enquanto Gary soltava uma gargalhada. Brad olhou para o chão.

Então, partiram em seus skates.

3

Quando Anne fechou a porta, ela pensou: *Sim, sei tudo sobre o monastério.*

Ela queria que Mark tivesse se lembrado de que ela crescera na área. Ele sempre falava sobre a Filadélfia como se ela fosse uma turista. Quando garota, seu pai costumava levá-la para o santuário de São Felipe e São Tiago, um monastério trapista, que ficava a 45 minutos dali, localizado num terreno grande com pinheiros. O pai costumava levá-la quando visitava um padre idoso que tinha mau hálito e que sempre a chamava de "Annie", mesmo quando ela se queixou com seu pai dizendo que ninguém a chamava assim.

— Se vire — ele disse várias vezes. — O padre Edward pode chamar você como ele quiser. Ele é um homem santo, e ele tem sido muito bom comigo e com sua mãe. Ele se deu ao trabalho de vir até a nossa paróquia para batizar você, se lembra?

— Então por que ele não sabe meu nome? — ela costumava questionar.

Sei tudo sobre o santuário, ela queria dizer. Mas havia anos que ela não a visitava. Essa parte de sua infância, tão importante no passado, havia caído em esquecimento. O emprego de Mark no mosteiro a obrigou a pensar sobre o lugar pela primeira vez em anos.

Ela sabia também da geleia. Seu pai a comprava em caixas, e ela também costumava comprá-la para seu filho, que parecia nunca se cansar da geleia de mirtilo.

— Jeremiah, algum dia você vai se transformar em um mirtilo — ela lhe disse numa manhã de domingo, após ele comer três torradas com uma camada grossa de geleia. Ele devia ter oito anos na época.

— Me avisa quando eu começar a ficar azul! — ele respondeu. Então, encheu as bochechas de ar, prendeu a respiração e começou a rir.

Essa lembrança a levou a olhar para as fotografias na parede, em suas molduras douradas. Ela não tinha certeza se deveria guardá-las.

Ela viu como Mark olhou para elas pela janela da porta. Ela amava a foto da escola; era sua fotografia favorita. Todos diziam que ele se parecia com ela, apesar de Anne achar que ele se parecia mais com o pai. Os olhos azuis. O nariz arrebitado. E, especialmente, o queixo pontudo.

Nos últimos meses, ela havia pensado em tirar as fotos da parede, não porque não aguentava olhar para elas — coisa que fazia com frequência —, mas porque pareciam causar incômodo aos visitantes. Quando as pessoas olhavam para as fotos, normalmente olhavam sorrateiramente para ela para se certificar de que sua curiosidade não era dolorosa demais para a mãe.

Ela percebeu uma mancha no vidro do retrato e a tirou com seu dedo. Esse ato a aproximou da imagem de Jeremiah.

Anne fixou os olhos de seu filho e se lembrou de uma discussão que eles tiveram sobre a roupa que ele usaria na foto da escola. Jeremiah queria usar a camiseta dos Phillies que seu pai havia comprado para ele num jogo naquele verão, mas ela se recusou:

— Você não vai vestir uma *camiseta* na foto da escola.

Durante a discussão, seu filho, que tinha dez anos na época, começou a chorar, algo que ele quase nunca fazia. Ele argumentou, implorando em voz aguda, dizendo que seu amigo Brad usaria a dele.

— E se Brad pulasse de uma ponte, você faria o mesmo? — Ela repetia essa pergunta tantas vezes que Jeremiah já fazia piadas com ela.

— Sim! — ele disse, abrindo um sorriso. As mudanças de humor repentinas de Jeremiah sempre a surpreendiam. — Eu pularia da ponte. Assim! — ele disse, juntando suas mãos e colocando seu corpo esbelto na posição de mergulho. — E eu vestiria a camiseta dos Phillies para pular! E durante a queda eu gritaria: "Vai, Phillieeeeeeees!" — Ele quase caiu no chão de tanto rir. A pessoa que mais fazia Jeremiah rir era o próprio Jeremiah.

Anne quase conseguiu ouvir sua risada, da qual ela sentia tanta falta. Ela sentiu um aperto no peito, e seus olhos se encheram de lágrimas. Não era somente injusto, era cruel; ela nunca mais ouviria a risada de seu filho.

"Maldição", ela disse em voz alta, e sentiu seu estômago embrulhar de novo.

Anne respirou fundo, virou as costas para a foto do seu filho, determinada a seguir com o dia.

4

Na segunda-feira a janela já estava consertada, para grande alívio de Mark. O vidraceiro (como ele pôde ter sido tão burro de insinuar que Anne não sabia o que era um vidraceiro?) tirou um vidro cristalino de sua picape e o inseriu perfeitamente na moldura da janela. Apesar de estar feliz com a janela consertada, ele também havia curtido a novidade de um vidro quebrado, que permitiu que o ar úmido entrasse no quarto enquanto assistia ao jogo no sábado à noite e tomava uma cerveja.

O tempo continuava abafado, apesar de o sol não ter aparecido desde a tarde de domingo. Como a Filadélfia podia ser tão úmida? Às vezes, ele acreditava ter se mudado para Atlanta. Tudo ao sul da Nova Inglaterra era quente demais para ele. Ele tirou o carro da garagem e certificou-se de que nenhum garoto estava descendo pela rua em seu skate e de que Brad não estava dirigindo o carro de seu pai.

O caminho até o monastério era calmo e agradável na maioria dos dias; saindo de sua vizinhança, seguindo pela Blue Route e passando por cidades que ele queria visitar, mas nunca conseguia encontrar o tempo para realmente fazê-lo.

— St. Davids —, ele perguntou a John, o pai de Brad, certa vez: — Como é St. Davids? Parece pitoresco, como alguma cidade galesa de mineiros.

— É — respondeu John. — Tente comprar uma casa por ali, e você verá o preço da cabana de mineiro.

Mark ligou o rádio e mexeu nos controles, tentando em vão encontrar uma música de que gostava. Ele pegou uma saída e seguiu por uma estrada menor. Depois de um ano, ele conhecia o caminho como a palma da sua mão. Quarenta e cinco minutos de sua casa até seu local de trabalho não era tão mal assim; e quando o trânsito o atrasava, os monges não se importavam, a não ser que tivesse um encontro marcado com algum fornecedor. Para homens cujas vidas giravam em torno do relógio, eles eram surpreendentemente tolerantes com seus atrasos. Mark mencionou isso ao abade, tentando fazer um elogio.

— Nossas vidas giram em torno de Deus, não do relógio —, o abade disse. Ele gostava do padre Paul. Como líder do santuário, ele poderia ter insistido em ser chamado de abade Paul, mas no primeiro dia, ele disse a Mark: — Tenho sido o padre Paul durante tanto tempo que já me acostumei.

Abade tem origem em uma palavra que significa "pai", como Mark descobrira durante suas pesquisas na internet após seu primeiro dia de trabalho, durante o qual havia sido apresentado a uma série de palavras desconhecidas. Quando perguntou a Dave, um amigo de faculdade que o havia recomendado para o trabalho, se os monges estavam falando em latim, Dave caiu na gargalhada.

— Ah, sim! — Dave respondeu. — É assim que eu me comunico com eles quando faço a contabilidade: em *latim*. Todos nós falávamos em latim uns com os outros. É claro que não falam latim, mané.

Mas no primeiro dia de trabalho, não teria feito diferença. As palavras em inglês que os monges usavam eram nomes dos quais Mark se lembrava apenas levemente dos seus tempos de estudo arquitetônico. Ele ouviu "refeitório", "claustro" e "sala do capítulo" no primeiro dia, quando o padre Paul lhe mostrou o santuário.

Mark nunca entendeu e jamais entenderia os nomes dos horários em que os monges rezavam na capela, coisa que acontecia várias vezes por dia. Com a exceção de "vigília", que fazia algum sentido para ele, os termos que identificavam as outras horas de oração — "laudes", "sexta" e "nona" — pareciam palavras sem sentido. Após cometer repetidas gafes por pronunciar incorretamente esses nomes, ele agora dizia simplesmente "suas orações". Por que não diziam simplesmente "oração matinal" ou "prece noturna"? Talvez fosse o jeito que haviam encontrado para tornar sua vida inescrutável para os que viviam lá fora.

Após sua demissão de seu primeiro emprego num escritório de arquitetura em Cambridge, Mark havia passado alguns meses fazendo trabalhos de carpintaria em Boston. Durante a faculdade, ele havia trabalhado como aprendiz de um carpinteiro local para pagar suas mensalidades, e ele gostou daquele trabalho. Durante os primeiros meses após sua demissão, Mark achou que poderia viver disso; ele se lembrou de quanto gostara de trabalhar com suas mãos. Mas os trabalhos de carpintaria eram esporádicos, e se não quisesse atrasar as prestações de sua bolsa de estudos, ele teria que encontrar algo mais permanente.

Quando Dave, que ajudava os monges com suas declarações de imposto de renda, contou a Mark sobre um emprego no monastério, ele aceitou imediatamente, mesmo sabendo que sentiria falta de Boston. Seria um trabalho seguro de carpintaria nos subúrbios da Filadélfia, que, como diziam, era um lugar mais em conta para se viver. Ele havia vivido tanto tempo em Cambridge que achou que Anne estava brincando quando lhe informou quanto custaria o aluguel.

— Você quer que eu aumente? — ela perguntou quando viu a expressão de surpresa em seu rosto.

O primeiro dia no santuário, porém, foi muito esquisito. Ele se lembrou daquele dia agora, ao virar para a esquerda na altura de uma placa que dizia "Monastério" acima de uma flecha vermelha apontando para um longo caminho ladeado por pinheiros.

O monastério foi construído na década de 1950, quando os subúrbios e as cidades na proximidade de Filadélfia estavam florescendo e os veteranos da Segunda Guerra Mundial estavam procurando um lugar tranquilo para viver com suas esposas e famílias. O arcebispo de Filadélfia convidou os monges para fundarem um santuário ali, para "apoiar nossa igreja crescente com suas preces constantes", como dizia a carta já amarelada em sua moldura na sacristia.

Certa vez, Mark observara que o arcebispo da Filadélfia tinha uma letra linda. Esse tipo de grafia fluente havia se tornado uma arte rara.

— Aposto que ele frequentou uma escola católica e que foram as freiras que lhe ensinaram isso.

— Sim — respondeu o frade Benjamin, um pouco irritado, — foi isso mesmo.

Às vezes, as piadas de Mark não eram bem recebidas pelos monges.

O monastério havia sido batizado com os nomes dos Santos Felipe e Tiago não por causa de alguma devoção especial que os monges nutriam pelos dois, mas porque eram os santos favoritos do arcebispo que os convidara para a Filadélfia. Quando Mark soube que Tiago era um dos apóstolos e chamado de "o Menor" (para diferenciá-lo do outro apóstolo Tiago chamado de "o Maior") e que Felipe certa vez duvidou que Jesus fosse capaz de fazer milagres, ele achou que o nome do monastério não era grande coisa, já que existiam outros apóstolos bem mais famosos.

Quase todos os habitantes da região, até mesmo os não católicos, conheciam o lugar — mesmo que apenas por causa da geleia que os monges fabricavam para financiar o santuário e que ocupava um lugar de honra nas estantes dos supermercados. Eles a chamavam de Santuário de F&T, ou o santuário, ou o monastério, ou, às vezes, apenas de F&T. Às vezes, quando Mark contava às mulheres com que saía onde ele trabalhava, elas pareciam impressionadas, como se estivessem na presença de um santo. “Eu sou apenas o faz-tudo, pelo amor de Deus”, ele costumava exclamar. Uma mulher, porém, pareceu excitar-se com isso, o que o assustou.

Mas sua alma de arquiteto ficou comovida quando viu o lugar pela primeira vez. Construída com uma pedra local chamada xisto de Wissahickon, uma rocha cinzenta com alto teor de argila que reluzia ao sol, a igreja do santuário era um longo prédio retangular com um telhado de madeira e uma alta torre de sino na lateral. Era a primeira coisa que o visitante via quando se aproximava do santuário, e ele nunca se cansava de observar como a torre do sino surgia por trás da colina. Até trabalhar aqui, ele nunca havia entrado num monastério, apesar de ter estudado sua construção na aula “O mundo medieval”, na faculdade de arquitetura. Na Blue Route, o viajante atento podia ver a ponta da torre aparecendo por trás da paisagem ondulada.

Alguns minutos antes de sua entrevista naquela manhã de outono no ano passado, ele abriu a pesada porta de madeira da igreja e quase foi derrubado pelo som de canto, algo que ele havia ouvido apenas no rádio. *Ainda existem pessoas que cantam assim?* E logo em seguida pensou: *Essa é a coisa mais linda que já ouvi em toda minha vida.*

Ele se sentou num banco e ficou ouvindo as vozes subindo e descendo, acompanhadas apenas por uma única nota tocada pelo órgão no início de cada estrofe. Ao ouvir com mais atenção, ele percebeu que estavam cantando em inglês. Ele não sabia muito sobre o catolicismo (seus pais não haviam frequentando qualquer igreja) e menos ainda sobre monges e monastérios, mas ele reconheceu que estavam cantando salmos.

“Seja bendito o nome do Senhor”, cantou uma voz. Então, os outros respondiam com outros versículos. No fim de suas orações, eles cantaram um hino com acompanhamento do órgão.

Havia apenas dois outros visitantes na igreja naquele dia — uma mulher idosa e um homem jovem — ambos sentados alguns bancos mais a frente de Mark. Quando o canto cessou, ambos se levantaram, se ajoelharam e fizeram o sinal da cruz, como os católicos costumam fazer, e saíram da igreja. Quando passaram por ele, ambos sorriram. Antes de fecharem a porta, ele conseguiu ouvi-los conversando um com o outro do lado de fora, debaixo do pórtico. A julgar pelas poucas palavras que conseguiu ouvir, os dois se conheciam pelas suas visitas ao santuário. Ele conseguia entender por que a mulher idosa estava aqui, mas o que o garoto com idade para estar na faculdade fazia num monastério às sete da manhã?

A igreja estava ligada ao dormitório dos monges. Essa parte do santuário incluía a sala do capítulo, onde eles faziam suas reuniões; a enfermaria, para os monges doentes; e o refeitório, onde comiam. A uns cem metros de distância, num prédio separado, ficava a fábrica de geleia, onde eles produziam a “Geleia Monastério”, que era vendida nos supermercados da região e pelo site na internet. “A geleia coloca o resto da nossa comida na mesa”, o padre Paul disse com um sorriso.

Naquele primeiro dia, Mark não sabia exatamente onde ele deveria se encontrar com o abade. Mas Paul o encontrou. Mark estava na frente da igreja, acendendo um cigarro, quando o abade apareceu de uma porta lateral.

— Eu sou o padre Paul — ele disse, estendendo sua mão. — Bem-vindo ao santuário dos Santos Felipe e Tiago. Você é o Mark, certo?

Paul tinha um rosto pálido e pensativo, grandes olhos azuis, poucos cabelos grisalhos e óculos enormes. Seu aperto de mão era forte; sua mão, macia — não era a mão de uma pessoa acostumada com trabalho pesado. Ele se parecia com aquilo que a mãe de Mark costumava chamar de "alma bondosa".

Mark jogou seu cigarro no chão de lajota sob o pórtico e percebeu uma expressão de leve repreensão no rosto de Paul. Apenas então Mark se deu conta das roupas do abade.

— Uau — disse Mark, contemplando o longo manto branco do abade e o tecido preto pesado que cobria seus ombros e se estendia até os joelhos. (Alguns meses mais tarde, Mark descobriria que o tecido preto era chamado de "escapulário".) Um largo cinto de couro completava a roupa do monge.

— Ah, sim — disse o abade. — Bem-vindo ao século XI. Bem estranho, o nosso hábito, não acha?

— Não, achei bem legal — disse Mark com sinceridade. — Ele tem bolsos?

A mão de Paul desapareceu num bolso e tirou um conjunto de chaves, que cintilavam na luz de outono.

— As chaves para o reino — ele disse triunfante.

— As quê?

— Perdão — disse Paul. — Tentativa de piada. Por que você não me segue? Eu lhe mostrarei tudo, e podemos falar sobre o emprego. Dave o recomendou como um homem formidável.

Mark fez uma anotação mental para não se esquecer de convidar Dave para tomar uma cerveja na Filadélfia.

Mark seguiu o abade até seu escritório e percebeu que ele estava de sandálias — da marca Birkenstock — e de meias, o que lhe conferiu um leve ar de hippie.

O emprego não era exatamente o que Mark esperava fazer nessa fase de sua vida. Na faculdade, ele havia anotado suas metas profissionais em um pequeno pedaço de papel, que ele guardara durante vários anos em sua carteira. A essa altura, ele já deveria ter fundado seu próprio escritório de arquitetura. Quando Mark percebeu que estava se distanciando cada vez mais de seus planos de carreira, ele finalmente jogou o papel no lixo.

No entanto, ele descobriu que gostava mais de trabalhar no santuário do que ficar sentado à escrivaninha na firma, onde ele gastava a maior parte de seu tempo projetando banheiros para prédios comerciais no centro de Boston.

"Diretor da Planta Física" foi o título que o abade lhe deu, apesar de ele mesmo sentir que não era nada mais que o faz-tudo. "Não se esqueça de que Jesus era carpinteiro", o padre Paul disse várias vezes durante o primeiro mês. Mark estava ocupado fazendo muitas coisas: pintando corredores infinitos, consertando canos furados e banheiros cuja descarga provavelmente nunca havia funcionado corretamente, tratando paredes com infiltração, varrendo folhas no jardim do claustro e cortando a grama do maior gramado que ele já havia visto em toda sua vida.

Muitas vezes, Mark ficava horas supervisionando empreiteiros contratados pelo abade para consertar algo que ultrapassava a sua capacidade. Um complexo tão grande de prédios construídos há tanto tempo precisava de muito cuidado. E com apenas 27 monges, alguns dos quais trabalhavam na fábrica de geleia e outros já idosos, Mark estava sempre ocupado. Ocasionalmente, podia até fazer alguns trabalhos de carpintaria. Ele se orgulhava muito de uma estante de madeira de pinho que ele havia instalado numa capela lateral da igreja do santuário, dedicada a Maria, "Nossa Senhora", como o padre Paul a chamava.

Desde então, havia se passado quase um ano. E, agora, Mark se sentia em casa ali. Ele gostava dos monges, pelo menos da maioria deles, e após os primeiros dias em seu emprego, ele percebeu que sua impressão inicial havia sido equivocada. A vida dos monges não era tão fácil quanto imaginara: eles se levantavam extremamente cedo, oravam o tempo todo, trabalhavam na casa e na fábrica de geleia, e suas refeições eram muito simples. Eles haviam feito votos de pobreza, de modo que nenhum deles possuía qualquer coisa, nem mesmo seus hábitos. E eles jejuavam muito durante o período de Quaresma.

Além disso, nada de sexo. Essa parte fez com que a vida monástica lhe parecesse quase impossível. Quando um monge lhe perguntou se, alguma vez, ele já havia pensando em se juntar a eles, Mark riu em voz alta. O monge não ficou muito feliz com sua reação.

O padre Paul havia se tornado um tipo de confidente de Mark. Ele não conhecia muitas pessoas na Filadélfia além de Dave, seu amigo, que ele via apenas raramente, e das mulheres que ele conhecia nos bares do centro ou on-line. No verão passado, Dave o convidou para participar do time de beisebol, o que acabou sendo divertido, mas a maioria dos jogadores ou era casada ou estava prestes a se casar, de modo que qualquer convite para um drinque ou um jogo significava que suas esposas ou namoradas os acompanhariam. Isso fazia com que Mark se sentisse ainda mais solitário.

Certo dia, ao voltar do trabalho, ele se deu conta de que a pessoa com quem mais passava tempo era o padre Paul. Ele sorriu, pois achou engraçado (ou bizarro ou patético, ele não sabia dizer com certeza) que seu melhor amigo na Filadélfia depois de Dave era um monge.

Mas Paul era um bom ouvinte e paciente, e tinha um senso de humor vívido. E havia outra coisa que Mark gostava no abade: ele sempre parecia estar calmo. Inabalável, até mesmo quando parte de teto da fábrica de geleia cedeu após uma forte tempestade de neve em dezembro. Paul simplesmente olhou para o buraco no teto, para o chão de madeira encharcado da fábrica e para o balde amarelo que havia sido colocado ali para captar a água que pingava do teto, e disse: “Bem, que coisa!”.

E não importava o que Mark contasse para Paul: ele raramente se mostrava surpreso, muito menos perturbado. Às vezes, Mark se perguntava como alguém se tornava uma pessoa como o abade — paciente, atento, não julgador. Aberto. Mark podia se queixar de um encontro mal-sucedido, de uma mulher que o largou ou de alguma discussão com um empreiteiro — Paul sempre parecia levar na boa. Às vezes, conseguia até que Mark risse de seus problemas. Certa vez, Mark lhe contou, furioso, como uma mulher havia jogado um drinque em sua cara na noite anterior, e a primeira reação de Paul foi: "Você mereceu?".

O trabalho de hoje não prometia ser tão duro. Ele precisava terminar de pintar a parede no refeitório que ele havia rebocado após a tempestade na semana passada, precisava instalar um novo chuveiro no banheiro do segundo andar do dormitório e ajudar o frei Robert a descarregar uma encomenda de potes para a fábrica de geleia.

O frei Robert era outro de seus monges preferidos — amável, quieto, prático e com uma mente de comerciante. Os monges de que Mark mais gostava eram aqueles que, como eles mesmos diziam, haviam trabalhado "no mundo" antes de entrar no monastério. O frei Robert sempre sorria quando Mark chamava o monastério de "Santuário F&T". Algumas semanas após iniciar seu trabalho ali, Mark lhe entregou uma caixa de manteiga de amendoim gourmet para a comunidade no Dia de Todos os Santos, que era um dia importante para os católicos, como ele sabia.

— É a primeira vez que alguém nos presenteia com manteiga de amendoim — disse o monge.

— É a primeira vez que eu sei quando é o Dia de Todos os Santos — respondeu Mark.

No fim de seu expediente, por volta das cinco da tarde, o frei Robert o chamou para a fábrica de geleia. Mark acreditava que era para ajudar a conferir se a encomenda de potes havia chegado; o que não era o caso. Em vez disso, o frei Robert lhe disse que havia uma ligação para ele.

Quem ligaria para mim aqui?, ele se perguntou.

Maddy, que trabalhava na casa de hóspedes e estava visitando o frei Robert, lhe entregou um papel cor-de-rosa. Quando Mark começou a trabalhar no santuário, ele ficou surpreso ao descobrir quantos "não monges", como ele os chamava, trabalhavam na fábrica. "Temos apenas uns vinte monges em condições físicas de trabalhar. E você não precisa ser monge para fazer geleia" — disse o frei Robert.

No início, Mark achou que Maddy, uma senhora de mais ou menos setenta anos com um longo rosto triste e um andar lento — atribuído por ele a uma artrite — era uma pessoa distante. Ela também tratava os monges com uma reverência exagerada. "Os sagrados padres e irmãos", ela os chamava. Mark sabia que ela tentava ser engraçada, mas ele suspeitava que Maddy realmente acreditava que eles eram santos. Ele não acreditava — Mark havia visto como os monges podiam ficar nervosos quando um banheiro não era consertado imediatamente ou irritados quando ele fazia barulho com seu martelo. ("É um martelo", ele disse ao monge que fez uma careta quando Mark estava consertando uma mesa no refeitório. "Martelos fazem barulho.") Os monges podiam ficar irritados e até rabugentos, como qualquer ser humano. Com o passar do tempo, porém, ele começou a gostar de Maddy por causa de sua ética de trabalho. Ela era leal aos monges e ao monastério, nunca se atrasava e era sempre eficiente.

"Anne ligou", dizia o bilhete. No início, ficou feliz ao ver o nome: uma advogada que ele conhecera num bar lotado no centro da cidade na semana anterior. Mas então viu o número do telefone: era sua senhoria. E agora? A janela não havia sido consertada de acordo com suas especificações exatas?

Ao sair da fábrica, ele pegou seu celular e discou seu número. O dia estava ainda mais quente, e nuvens escuras e pesadas anunciavam uma tempestade.

— É o Mark Matthews? — ela perguntou antes de ele ter a chance de abrir a boca. — Sinto muito por ter que ligar para você no trabalho, mas eu não tinha o número do seu celular e sei que você trabalha no monastério. — Ela parecia agitada.

— Sem problemas — ele disse —, o que houve?

— Isso é meio vergonhoso, mas eu estava a caminho de casa quando meu carro quebrou. Nem saí do estacionamento, e todos os meus colegas já foram embora, então me perguntei se você poderia me dar uma carona. Isso é possível? Estou na oficina para onde levaram meu carro, fica perto de St. Davids.

— Claro — Mark respondeu. — Deixe-me anotar o endereço.

— Ah, não faço ideia de onde estou. Espere, vou passar o telefone para um dos mecânicos.

Mark anotou as instruções e desligou.

— Preciso dar carona a uma mulher em St. Davids — ele disse ao frei Robert.

— Meus parabéns — ele disse.

— Não, é a minha senhoria — Mark respondeu.

— Ah, então, meus pêsames.

5

Anne estava esperando no posto de gasolina, acenando e sorrindo. *Ela é linda*, ele pensou. Ela estava com rabo de cavalo e vestia uma blusa branca que realçava sua boa forma. Ele se perguntou se deveria convidá-la para sair, e então se lembrou da diferença de idade entre eles. *Mesmo assim...*

— Muito obrigada — ela disse, entrando na picape. — Sinto-me uma idiota completa.

— Não se preocupe. Fico feliz em ajudar.

— Como estão as coisas no santuário PB? — ela perguntou. — Não é assim que você chama?

— PB&J.

— Certo. — Ela disse secamente. — Como foi o trabalho?

— Maravilhoso! Consegui resolver uma tonelada de coisas. Faz bem trabalhar e resolver as coisas. Riscá-las da sua lista, sabe?

— É... — Ela parecia estar distraída.

— Como está o carro? — ele perguntou.

Ela expirou.

— Terrível. Odeio aquele carro. Foi meu ex-marido que o comprou, e eu nunca gostei dele.

Mark sabia que não devia fazer perguntas sobre seu marido. Certa noite, no início do outono, John, o pai de Brad, lhe contou a história, uma semana após Mark se mudar para a vizinhança. Enquanto falava, John regava suas roseiras. Estavam conversando sobre a vida amorosa de Mark.

— Como estão as coisas com a Susie? — John perguntou. — Esse é o nome dela, não é?

— Você está falando de Nancy? Ou de Stacy?

— Quem conseguiria se lembrar de todas? — John riu. A conversa se concentrou então nas esperanças de Mark de algum dia se casar, depois se voltou para as notícias sobre outras famílias que moravam na rua e finalmente para Anne.

Anne havia sido criada perto dessa vizinhança e se mudou para sua casa atual quando ainda era jovem, juntamente com seu marido, que havia sido seu namorado já na escola.

— Era um cara atlético — disse John —, jogou beisebol em alguma liga inferior em algum momento, eu acho. — Os pais eram donos da casa de Anne e de outra na mesma rua. Quando morreram, ela herdou ambas as casas. A outra casa, na qual Mark morava agora, havia fornecido uma renda extra para Anne e seu marido.

Alguns meses após se mudarem para o novo lar, Anne engravidou, algo que, obviamente, a deixou muito feliz. Quando Jeremiah nasceu, ela gostava de passear com ele pela vizinhança e conversar com todos os vizinhos. Às vezes, ela se sentava na varanda da casa, lendo algum livro, enquanto o bebê dormia num cobertor azul na grama sob o grande ácer.

— Ela era uma mãe maravilhosa — disse John, voltando a mangueira em direção das roseiras.

Mas seu marido não soube lidar com a paternidade e a deixou quando Jeremiah tinha dois ou três anos de idade; John não se lembrava mais. Ele lembra de tê-la visto tentando dar conta de um emprego em tempo integral e do fato de ser mãe solteira. Mas ela conseguiu, graças à sua própria determinação e a uma senhora idosa na vizinhança que montou uma pequena creche em sua casa.

Durante a infância, Jeremiah vivia colado na mãe. Anne foi a todos os jogos da liga de juniores na primavera e no verão, levava Jeremiah e seus amigos para o cinema e até se ofereceu como supervisora do clube de escoteiros. John descreveu Jeremiah como um "garoto adorável", uma expressão que, como Mark suspeitava, John não usava muito.

Aos treze anos de idade, Jeremiah foi atropelado e morto por um carro. Três anos atrás, ele, Brad e mais dois amigos estavam atravessando uma autoestrada movimentada quando voltavam do cinema, onde haviam assistido a um filme sem a permissão dos pais e ao qual Anne havia se recusado a levá-los. Ele sobreviveu por algumas horas no hospital local e, então, morreu.

Quando John chegou a essa parte da história, ele virou seu rosto para as roseiras e disse:

— Foi um tempo difícil para meu filho. — Ele mordeu seus lábios e continuou — O choro que ouviram vindo da casa de Anne naquela noite e no dia seguinte, o funeral num dia úmido, no qual os amigos de Jeremiah carregaram o caixão, as flores que cobriram os degraus na frente da casa de Anne durante dias até murcharem sob o sol. Anne se trancou na casa por semanas.

John jogou água nas roseiras. Mark sentiu as gotas de água em seu rosto.

Para Mark, foi difícil absorver tudo isso. Sua única pergunta havia sido:

— E então, qual é a história da minha senhoria?

Era estranho ouvir isso numa tarde quente pouco antes do pôr do sol, com vaga-lumes piscando no ar. Tanta tristeza revelada em poucos minutos. Agora, com Anne sentada ao seu lado em sua picape, Mark se lembrou da conversa com o pai de Brad.

Anne olhava pela janela enquanto Mark dirigia.

— Odeio aquele carro.

— Sabe — Mark disse para mudar de assunto e melhorar seu humor —, eu nem sei em que área você trabalha. Conheço você há um ano, mas não sei o que você faz.

— Isso é engraçado. — Ela se virou para ele e o encarou com um sorriso fraco. — O que você *acha* que eu faço?

Mark fez uma careta. Na faculdade, uma de suas namoradas costumava perguntar com uma regularidade deprimente: "Adivinha o que eu gostaria de fazer hoje à noite?" e ele sempre parecia dar a resposta errada. Normalmente, sua namorada queria ou jantar fora ou assistir a um filme; ele queria ficar em casa e fazer sexo. Certa vez, desesperado por nunca dar a resposta certa, ele optou por dizer o que ele realmente queria fazer: "Tomar umas cervejas, assistir ao jogo dos Celtics, fazer amor e dormir." Ela ficou em silêncio durante o resto da noite.

Ele tentou imaginar o que Anne fazia. Agora, ele se lembrou de tê-la visto usando calças de ioga:

— É professora de ioga?

Anne explodiu numa risada, a primeira risada autêntica que ele ouvira dela. Ela tinha uma risada sedutora, mais grave do que ele havia esperado.

— Obrigada — ela disse, balançando sua cabeça e voltando a olhar pela janela. — Preciso contar isso para todo mundo na minha aula de ioga. Não, nada tão interessante assim. Sou uma simples contadora.

— Sério?

— Por quê? — ela disse, voltando-se novamente para ele. — Você acha que eu não sou inteligente o bastante? Que sou o tipo de mulher que fica em casa como uma m...?

Ela parou antes de completar a palavra "mãe".

— Não, de jeito nenhum — disse Mark, tentando evitar qualquer menção ao seu filho. — É que eu sempre vejo você nessa roupa de ioga e você, bem, você parece doce demais para ser uma contadora.

Ela sorriu, agradecida pelo pequeno elogio e bateu no painel.

— Sim, sou eu: uma doce contadora. Você deveria conversar com o pessoal do escritório. Acho que eles adorariam se eu fosse doce.

Continuaram sentados lado a lado em silêncio, com as janelas abertas, aproveitando o ar fresco do fim de tarde, que de repente havia esfriado. Ele olhou pelo para-brisa e observou as nuvens pesadas. Sem dúvida, iria chover em breve.

— Ai, que droga! — ele exclamou quando estavam prestes a entrar na Blue Route.

— O que aconteceu?

— Deixei meu celular no santuário.

Ela suspirou e apertou os lábios. Ela queria voltar para casa e não estava interessada em ir para o santuário.

— Você se importa se eu der uma passadinha por lá? Não consigo viver sem meu celular.

— Você está me fazendo um *favor*, lembra? — ela disse. — Vamos. Eu te espero no carro.

6

Quando chegaram ao santuário, as pesadas gotas de chuva já estavam batucando no teto da picape. Anne não havia pisado no monastério desde sua infância, mas quando a picape passou pelo portão, tudo veio à tona e ela se lembrou dos amplos gramados e dos campos infinitos, onde ela caçara gafanhotos e grilos, dos pinheiros altos que flanqueavam o caminho como sentinelas e de como a torre da igreja surgia lentamente por trás das colinas conforme você se aproximava dela. "Como o mastro de um navio que aparece no horizonte." De repente, ela se lembrou das palavras de seu pai. Ela ficou surpresa por lembrar essa expressão. De onde aquilo aparecera?

Seus pais haviam sido religiosos — seu pai, extremamente; sua mãe, apenas um pouco. Seu pai era contador como Anne e ajudava os monges na contabilidade, principalmente durante os períodos de arrecadação de impostos. Pelo que ela se lembrava, ele estava num retiro da paróquia quando conheceu o padre Edward, o monge de mau hálito, e eles ficaram amigos. Porém, ela não tinha certeza em relação a isso. Ele levou Anne uma ou duas vezes ao monastério e ela se lembrava dele como um lugar nem desagradável, nem agradável. Às vezes, ela ficava sentada em algum banco num corredor da capela, quando os monges cantavam, mas normalmente ficava no escritório, desenhando com lápis de cor enquanto seu pai trabalhava e os monges passavam para conversar. Para um monastério silencioso, eles conversavam muito. E ela se lembrava de ter entrado na capela uma vez. Ou talvez não. Talvez tenha sido outra igreja. Há muito tempo ela desistira de ir à igreja. Ela só ia a casamentos e funerais.

O que ela mais se lembrava do santuário era o cheiro. Evidentemente, era o cheiro de incenso, mas de um tipo especial que ela não encontrou em nenhum outro lugar. Era bem diferente do cheiro de incenso que ela sentia quando passava pela livraria de literatura zen de que ela tanto gostava na Filadélfia, onde os palitos finos de sândalo produziam um cheiro penetrante. O cheiro do monastério era diferente. Mais doce. Pelo menos em sua memória.

— Entraremos pelos fundos — Mark disse. Ele virou a direção da picape, pegou uma estrada asfaltada e passou por uma poça d'água. Uma placa dizia: "Local cercado. Por favor, não entre".

Os monges não só vivem num terreno enorme num subúrbio rico, Anne pensou, *mas eles também montam placas que fazem as pessoas não se sentirem bem-vindas. Não me parece muito cristão.*

Mark estacionou ao lado de uma cabana modesta de madeira. Nela, havia uma placa vermelha e branca que dizia: "Geleias Monastério."

— É aqui que eles fazem a geleia? — ela perguntou. — Parece um lugar minúsculo.

— Lá dentro, a impressão é bem diferente. É maior do que parece. Por que você não entra comigo? — ele disse, tentando superar o barulho da chuva, que já estava diminuindo. — Posso pegar um café para você. O café da ala de retiro é maravilhoso.

— Não, obrigada. Estou bem aqui.

— Ah, vamos lá. Eles não vão morder você.

Ela suspirou.

— Tudo bem, então.

Eles saíram do carro e tentaram em vão desviar das gotas de chuva, correram em volta da fábrica de geleia e subiram a calçada o mais rápido possível. Ela não se lembrava dessa parte do monastério. Era adorável. Até mesmo na chuva leve, com a cabeça abaixada, Anne viu a grama farta, os pinheiros cuidadosamente podados, as azaleias bem tratadas, os arbustos de rododendro.

— Meu Deus! — ela exclamou. — O que é isso?

— Ah — ele disse em voz baixa —, é o cemitério.

Ela percebeu que os monges eram enterrados aqui sem qualquer luxo, num terreno pequeno com espaço para uns cinquenta monges, sepultados ali com cruzes brancas de metal de apenas trinta centímetros de altura, que marcavam o local de cada túmulo. Ela olhou para Mark e percebeu que ele se arrependia por tê-la levado ali.

— Está tudo bem — ela disse. — Mas que tal escolhermos outro caminho quando formos embora?

A calçada levava a uma arcada com uma porta. Mark a abriu para ela.

7

Ar-condicionado central para esse predinho? Anne pensou ao entrar no interior refrigerado do monastério. *Não me admiro que tenham que vender tanta geleia.*

Então, ela percebeu o aroma. Ela não sentia esse cheiro havia décadas, e imediatamente ele reavivou uma lembrança precisa de sua infância: ela levantando seu braço para pegar a mão do pai enquanto caminhavam pelo monastério. Era algo parecido com flores, mas não eram flores; algo parecido com perfume, mas não era perfume; algo como a lenha numa lareira, só que também não era isso. A fragrância forte a fez parar para pensar em seu pai.

Anne se lembrava de seu professor do curso de introdução à psicologia em Haverford, que disse que o cheiro era o mais primordial de todos os sentidos, ligado diretamente ao nosso cérebro. E, agora, ela sabia que era exatamente isso que estava acontecendo. Mas ela ficou comovida mesmo assim. Ela queria dizer a alguém o quanto ela sentia falta do pai e o quanto ela queria poder conversar com ele sobre Jeremiah. Mas ela não conhecia Mark o bastante. Assim, ela simplesmente inspirou o cheiro e prendeu a respiração. *Se eu pudesse sentir esse cheiro todos os dias, talvez eu fosse mais feliz.*

Mark seguiu com ela por um longo corredor, em cujas paredes de tijolo estavam pendurados mantos de seda branca em cabides de madeira.

— O que é isso? — ela perguntou.

— Sinto muito — ele sussurrou. — Não podemos falar em voz alta. Eles gostam de silêncio por aqui.

Isso era algo de que ela não gostava em relação à igreja: as pessoas ficavam lhe dizendo que você não podia fazer isso ou aquilo.

— Tudo bem — ela sussurrou. — Mas o que é isso? — Ela apontou para os mantos.

— Capuzes. Os monges os usam durante suas orações, que começarão em breve. Está quase na hora das Vésperas. Quer assistir às Vésperas enquanto eu procuro meu celular?

— Não, obrigada.

— É bem impressionante. — Ele sussurrou, entusiasmado. — Talvez você goste.

— Não — ela repetiu com voz firme —, estou bem.

— Tudo bem, então. — Ele lhe ofereceu um banco para se sentar no corredor e começou a procurar seu celular. — Acho que sei onde está — ele disse e desapareceu na escuridão.

Estava realmente escuro. *Talvez eles devessem gastar menos em ar condicionado e mais em iluminação*, ela pensou. A iluminação nos corredores era fraca, pelo menos no corredor em que ela estava sentada naquele momento. Um armário ornamentado, feito de pinho escuro, ocupava a parede oposta. Suas gavetas, com entalhaduras de flores, folhas e cabeças de anjinhos bochechudos, estavam fechadas, e a parte superior estava vazia. *Se esse armário estivesse na minha casa, ele estaria abarrotado de cartas, livros e revistas.*

Encostada nos tijolos frescos da parede, Anne de repente se deu conta de seu cansaço.

Ela estava sentada no final de um de quatro corredores que formavam um quadrado perfeito em torno de um jardim. No centro do jardim, havia uma fonte de marfim branco, do tamanho de um banho para passarinhos, cercada de quatro cerejeiras ornamentais em plena floração. Na chuva, os troncos negros retorcidos brilhavam e suas flores cor-de-rosa pareciam ter sido polidas. As azaleias vermelhas reluziam em abundância. Os monges ou eram jardineiros talentosos ou haviam contratado alguns ótimos paisagistas, pois ela nunca havia visto um jardim tão bem cuidado, com grama farta e árvores e arbustos cuidadosamente cultivados.

Algo lhe parecia familiar, mas ela não conseguia se lembrar se ela havia visto o jardim em sua infância, nem mesmo se ela tinha passado por essa parte do santuário. O jardim não despertou uma memória tão nítida quanto a torre da igreja ou o incenso. Anne ficou olhando para o jardim como se estivesse vendo algo que ela conhecia profundamente, mas sem ter certeza. Era como se ela lembrasse dele e o visse pela primeira vez ao mesmo tempo. Esse sentimento a deixou inquieta.

Um monge alto e magro apareceu em longas vestes brancas e pretas. Ela se lembrava dessa roupa muito bem: o padre Edward havia se vestido assim. Às vezes, havia também restos de comida em sua roupa. Quando o monge passou silenciosamente por ela, ele a cumprimentou acenando com a cabeça, pegou um dos capuzes pendurados na parede, o vestiu sobre seu hábito, arrumou o capuz de modo que cobrisse seus ombros e desapareceu numa porta à direita de Anne.

Um sino alto tocou, e Anne se assustou. Ela levantou os olhos e percebeu que era o sino da torre da igreja lá fora. O sino tocava em intervalos cada vez mais curtos, com um toque a cada poucos segundos.

Dentro de instantes, vários monges se materializaram, aparecendo em portas que ela nem havia percebido. Em fila única, caminharam pelo corredor. Alguns deles olhavam para o jardim, outros mantinham a cabeça abaixada fixando seu olhar no chão de madeira escura, e quase todos escondiam suas mãos nas mangas largas de seus hábitos. Alguns eram idosos e usavam bengalas de madeira ou andadores de metal, movimentando-se deliberadamente. Dois eram surpreendentemente jovens, de vinte e poucos anos, mas era difícil fazer uma avaliação mais exata, pois suas cabeças estavam curvadas e seus cabelos, aparados. A maioria era formada por homens de meia-idade, que passavam a impressão de terem feito essa caminhada já muitas vezes. Apenas poucos olharam para ela. Ao todo, acreditava ela, deviam ser uns 25 monges.

Um homem alto, pálido, com pouco cabelo, queixo recuado e óculos como os de Buddy Holly, sorriu ao se aproximar, parou e se abaixou para conversar com Anne. Ele tinha olhos azuis aguados. Anne ficou surpresa ao perceber um desejo de conhecê-lo.

— Seja bem-vinda — ele sussurrou. — Posso ajudar?

— Estou aqui com Mark Matthews — ela disse. — Ele se perdeu... quero dizer, ele perdeu seu celular, e estou esperando por ele. Estou no lugar errado?

Outro monge alto e de cabelo curto parou na frente do banco.

— Seu nome é Anne?

Como é que ele sabe meu nome?, ela se perguntou.

Ao vê-la confusa, ele sussurrou:

— Eu sou o frei Robert. Mark me contou que ele lhe daria carona hoje à noite.

Mark fala sobre mim aqui?

O homem de óculos grandes perguntou:

— Você gostaria de nos acompanhar nas Vésperas? Eu posso levá-la para a seção dos visitantes, se você quiser.

— Não, muito obrigada — ela respondeu educadamente. — Estou bem.

— Ok — ele disse —, rezaremos por você.

Anne nunca sabia como reagir a isso. Amigos bem-intencionados costumavam dizer isso depois da morte de Jeremiah. Ela não sabia se ainda acreditava em Deus, por isso, achou que ela seria hipócrita se agradecesse, como se quisesse que eles rezassem por ela. E o que ela lhes diria se nada acontecesse? Se ela não se sentisse melhor? Provavelmente ficariam decepcionados porque suas orações não funcionaram, e o que Anne menos queria era mais decepções em sua vida. Por isso, ela simplesmente dizia: "Ok." E foi isso que ela disse também ao monge com os óculos de Buddy Holly.

Ele sorriu para ela mais uma vez e desapareceu na capela juntamente com o outro monge.

Por que Mark conversou sobre ela com os monges? Que falta de educação.

Ela encostou na parede de tijolos e fechou os olhos. Ela podia descansar enquanto os monges rezavam. Como ela estava cansada...

Então, ela ouviu a primeira nota do órgão, uma nota grave que parecia fazer seu coração vibrar. A voz de um barítono forte ecoou pela igreja, cantando:

— Senhor, que minha oração noturna se eleve a ti...

Então, o restante dos monges responderam, cantando:

— E que tua ternura amorosa recaia sobre nós.

Instintivamente, ela olhou em volta para ver se havia outra pessoa além dela ouvindo isso. Mas ela estava sozinha. Os monges cantaram suas preces com uma confiança cada vez maior. Eles estavam cantando salmos? Ela não tinha certeza. E os salmos eram do Antigo ou do Novo Testamento? Ela não sabia. Apesar de não se considerar cristã, ela decidiu que, enquanto estivesse ali, ela poderia muito bem aproveitar a música linda. Às vezes, ela já havia se perguntado o que significava "Vésperas" e imaginara que se tratava de algum culto de oração entediante com muita leitura da Bíblia e sermões chatos. Mas isso era adorável.

Após alguns salmos e uma leitura que ela não conseguiu entender muito bem, os monges começaram a cantar algo que parecia uma música de verdade, um hino. As primeiras notas despertaram algo em sua memória.

Sim! Como ela pôde se esquecer? O pai de Anne costumava cantarolar esse hino quando fazia algum trabalho na casa. Isso mesmo! Sua mãe costumava brincar com ele: "Ah, querido, por favor. Não esse hino, não de novo. Mais um pouco e você estará fazendo geleia!"

O hino de seu pai. Ela fechou os olhos e permitiu que a música a transportasse para o passado. Cansada, começou a cair no sono. Então, uma imagem de seu pai segurando Jeremiah após o nascimento no hospital lhe veio à mente, e Anne voltou a sentir o vazio na barriga. A lembrança de quanto seu pai amava o neto era como uma facada em seu coração. *Jeremiah, sinto tanto a sua falta!*

Com suas defesas normais enfraquecidas pela sonolência, Anne começou a chorar. Ela não pôde evitar. Estava tão cansada — e era como se o incenso e a música estivessem tocando seu íntimo. Havia dias em que ela achava que a tristeza a destruiria, a afogaria.

Quando abriu sua mochila à procura de um lenço, ela ouviu o sino tocar. Os monges começaram a sair da capela. Ela enxugou as lágrimas. Era exatamente o que ela não precisava agora: ser pega chorando no corredor.

O monge com os óculos de Buddy Holly parou do seu lado.

— Você está bem?

Anne estava determinada a não parecer tola. — Sim, estou bem. Estou bem — ela disse e balançou sua cabeça. Mas, então, começou a chorar novamente, a despeito de suas tentativas de parar. As lágrimas que ela não queria correram soltas.

Quando o monge se sentou ao seu lado, ela temeu que ele colocaria seu braço ao redor dela, mas ele não o fez. Ele simplesmente ficou sentado ali, enquanto os outros monges passaram em silêncio e desapareceram nas portas pelas quais haviam se materializado. Anne esfregou os olhos. Ela mudou um pouco de posição, e o banco fez um barulho alto.

Depois de alguns momentos, ela começou a falar.

— Meu filho morreu.

— Sinto muito — disse o monge. — Que ele descanse em paz.

Ela pausou.

— Obrigada.

— Se me permitir a pergunta: quando foi que ele morreu?

— Três anos atrás. — Ela achou que isso soava absurdo. O monge devia pensar que ela já deveria ter superado o luto após tanto tempo. Ele não diria, mas certamente *pensaria* isso.

— Faz muito pouco tempo, então — ele disse. Anne olhou para ele com uma mistura de gratidão e surpresa.

— Sim — ela respondeu.

— Ah, eu sinto muito. Como ele se chamava?

Anne percebeu que ele não estava sussurrando. Ela começou a soluçar. Às vezes, dizer o nome de seu filho a fazia chorar, como se ela estivesse evocando sua memória de uma forma mais concreta, trazendo-o à sua presença. Mas ela não podia acreditar que estava chorando na frente de alguém que ela nem conhecia.

— Estou tão envergonhada — ela disse. — Isso é tão vergonhoso.

O monge fixou seu olhar em seu hábito branco e preto e esperou.

— Jeremiah — ela disse, finalmente.

Ambos perceberam que Mark estava se aproximando.

— Eu o encontrei! — Mark disse, sussurrando em voz alta, erguendo seu celular acima da cabeça.

Anne se afastou do monge, secou suas lágrimas e escondeu o lenço em sua mochila.

8

Mark viu as lágrimas de Anne e ficou alarmado.

— Vejo que você conheceu o abade — ele disse.

— O senhor é o abade? — Anne disse, voltando-se para o monge.

— Eu sinto muito — disse o monge, levantando-se como se agora precisasse ser mais formal. — Eu nem me apresentei. Sou o padre Paul. — Ele estendeu sua mão, e ela a apertou.

— Ele é o *abade* — Mark repetiu.

— Sim, eu entendi — Anne disse, um pouco confusa. Ela se levantou e então disse para Paul: — Foi um prazer conhecê-lo.

— Onde estava seu celular? — Paul perguntou.

— Ah — respondeu Mark. — Sou um idiota. Procurei por toda parte, mas no fim o encontrei na capela. Creio que o deixei por lá quando troquei as flores da semana passada.

— Você pediu ajuda a São Longuinho?

Mark olhou para ele sem entender.

— Ah, não acredito — disse Anne. — Até eu conheço essa: São Longuinho, São Longuinho, se eu achar o que procuro dou três pulinhos.

— Ah, uma católica! — disse Paul.

— Mais ou menos — ela respondeu.

— Entendo. Você é da região?

— Sim, da Filadélfia. Desde sempre.

— Você já tinha visitado o santuário antes?

— É uma história curiosa — Anne respondeu. — Meu pai costumava me trazer quando eu era pequena. Acredite ou não, ele era o contador do monastério. Ele era amigo de um dos monges, acho que seu nome era padre Edward. Na verdade, tenho certeza de que ele me batizou.

O padre Paul sorriu.

— Ah, sim, às vezes, o padre Edward recebia uma permissão especial para batizar os filhos das pessoas que trabalhavam aqui. Evidentemente, ele já é bem idoso, mas ele ainda...

— Ele ainda está *vivo*? Ele deve ter uns cem anos de idade!

Paul riu e disse:

— Oh não, o padre Edward só tem uns oitenta anos de vida. Mas creio que ele lhe pareceu velho quando você era pequena. Você gostaria de visitá-lo? No momento, ele está na enfermaria. Tenho certeza de que ele adoraria ver o que aconteceu com o bebê que ele batizou.

Anne se sentiu atropelada pelo convite inesperado.

— Não, obrigada. — Ela esperava que o abade não reconhecesse que essa era a última coisa que ela queria fazer naquele momento. E então, sentindo-se culpada, ela disse: — Mas diga a ele que lhe mando um abraço. E diga-lhe que meu pai gostava muito dele.

Isso era verdade. Seu pai adorava contar à mãe de Anne as histórias engraçadas que o padre Edward lhe contava sobre os outros monges. Sua história favorita era o episódio do monge confuso que tentou lavar suas roupas no lava-louças.

— Eu lhe contarei ainda hoje que eu a encontrei — Paul disse. — Ele ficará feliz por você ter passado aqui para nos visitar.

Anne achou que isso era uma visão muito generosa da realidade. Nas palavras do abade, sentar-se num banco durante alguns minutos parecia ser algum grande ato de caridade.

— Bem — disse Mark —, acho que está na hora de partirmos.

Uma rajada de vento passou pelo jardim do claustro, balançando os galhos, e a chuva voltou a cair. Dentro de poucos segundos, ela se transformou em aguaceiro.

— Quer saber? — Mark disse. — Vou trazer a picape até a porta da igreja. Assim, você não terá que correr pela chuva. Tudo bem, padre Paul? — Anne ficou aliviada por não ter que passar pelo cemitério.

Paul consentiu, e Mark saiu correndo pela porta e, gritando como um garotinho, desapareceu na chuva. Paul abriu um sorriso, enquanto observava Mark seguindo pela calçada. Por um instante, ele escorregou nas pedras, recuperou o equilíbrio e entrou em sua picape.

— Esse Mark — comentou Paul. — Ele sempre nos surpreende com sua energia. De certa forma, ele é um homem santo.

Anne não fazia ideia de como reagir à afirmação e, por isso, apenas consentiu com a cabeça.

Quando Mark estava dentro da picape, Paul se voltou para Anne e disse:

— Como já dizia Jesus: "Siga-me."

— Vocês podem dizer coisas assim? — Anne perguntou, enquanto seguiam pelo corredor.

— Eu acabei de dizer — Paul disse com um grande sorriso. — Além do mais, quem poderia me repreender? Eu sou o abade.

Quando entraram na capela, Paul se ajoelhou sobre seu joelho direito e rapidamente se ergueu. Anne fez o mesmo, por educação.

A capela tinha um teto alto de madeira escura, um chão de lajotas vermelhas idêntico ao chão do corredor, vitrais em desenhos abstratos nas cores azul e branco. O altar era um bloco gigante de pedra cinza, incrivelmente pesado. Anne se perguntou como os monges conseguiram trazê-lo para a capela. Dobrado sobre o altar, ela reconheceu um longo pano branco, que, como tudo indicava, havia sido passado recentemente: não havia um vinco nele. Seus extremos tocavam levemente o chão. Dois candelabros de metal decoravam o altar, e em cada um havia uma vela branca e grossa.

Sobre o altar, suspenso com fios quase invisíveis, havia um crucifixo peculiar. A cruz em si era simples: madeira pintada de vermelho. O corpo de Jesus era feito de metal preto, e suas mãos transpassadas não estavam erguidas acima de sua cabeça, como nos outros crucifixos que Anne já tinha visto, mas se encontravam em uma posição perpendicular ao corpo. Sua cabeça não estava curvada; seu rosto, triste e severo, estava erguido, o que a incomodou.

Ao todo, porém, a capela se parecia com a maioria das igrejas católicas construídas na década de 1950, com a exceção de um elemento arquitetônico proeminente. Na metade dianteira da igreja, num espaço normalmente ocupado por bancos voltados para o altar, havia duas fileiras consecutivas de baias nos lados opostos do lugar. Cada conjunto de baias, feitas de madeira clara, apresentava mais ou menos quarenta lugares. Anne tentou entender o propósito desse arranjo.

— É aqui que os monges se sentam quando oramos — Paul disse enquanto passavam pelo meio da igreja. — Alguns se sentam de um lado, e os outros, de outro. Assim, podemos nos ver. Isso nos ajuda a nos sentir mais como uma comunidade quando estamos juntos.

No centro de uma das paredes da igreja havia uma imagem da Virgem Maria sobre uma tela branca. Apoiada por um pedestal de metal, ela estava sobre uma pesada mesa de madeira com pernas delicadamente esculpidas. Ao seu lado, havia uma frágil mesa de metal com um fino vaso com rosas vermelhas.

Maria, de pele parda e com um vestido vermelho escuro, segurava em seus braços Jesus, vestido de branco. A mãe de Jesus parecia olhar diretamente para Anne. Sua expressão era inescrutável — uma mistura de tristeza, resignação e resiliência. Anne se perguntou se Maria sabia o que aconteceria com seu filho. Ela fazia alguma ideia? Anne nunca refletira sobre isso antes. A Bíblia dizia algo sobre isso? Maria sabia que seu filho seria morto? Alguém a preparou para o que ela enfrentaria no futuro?

O padre Paul estava explicando os horários em que os monges rezavam, mas Anne não estava prestando atenção. Durante alguns segundos, enquanto o padre Paul falava, ela concentrou sua atenção na imagem, que fixou o olhar nela, como se dissesse: "Eu sei".

— Vamos por aqui — disse Paul, e ele a levou até um muro de tijolos de mais ou menos um metro de altura com uma abertura no centro. Deste lado do muro havia bancos normais polidos, voltados para a frente da igreja, como Anne estava acostumada a ver. — Nossos visitantes se sentam nessa parte da igreja — ele explicou.

Por que os visitantes não rezam com os monges? ela se perguntou.

Quando Paul abriu a porta da igreja, um vento úmido invadiu o lugar, trazendo consigo algumas folhas. Paul as expulsou da capela com seus pés. Os dois saíram para o pórtico e viram a picape de Mark no estacionamento, a porta já aberta para Anne.

— Você poderia esperar um instante? — Paul perguntou e desapareceu na igreja.

Mark abaixou o vidro da janela de sua picape:

— Para onde o padre Paul está indo?

Anne encolheu os ombros.

Então, Paul reapareceu.

— Eu percebi como você admirou o ícone — ele disse e lhe entregou um pequeno cartão —, e pensei que você talvez gostasse disso.

Anne olhou para a imagem de Maria e Jesus. Algumas gotas pesadas caíram sobre o cartão. Algo estava escrito no verso dele.

— Obrigada — ela disse, comovida pela gentileza.

— Volte sempre — disse Paul. — Você é sempre bem-vinda. E talvez você consiga fazer uma visita ao padre Edward. Tenho certeza de que ele adoraria vê-la.

— Obrigada — ela repetiu, apesar de não ter qualquer intenção de se encontrar com o velho padre de mau hálito.

Anne correu até a picape. Quando o veículo saiu do estacionamento, ela admirou os pinheiros altos que flanqueavam o caminho e de cujos galhos pesados a água caía na grama.

— Ele é legal, não é? — disse Mark. — O padre Paul é gente boa.

— Sim — ela disse, olhando pela janela. — Parece que sim.

Ela guardou o cartão molhado em seu bolso e sentiu como ele se dobrou.

9

Quando Mark parou na frente da casa de Anne, a chuva já havia parado, deixando para trás um ar mais fresco. Anne se sentiu grata pelo passeio. Havia sido um gesto generoso de Mark, mas ela se perguntou se isso bastava para tornar uma pessoa "santa", como o padre Paul havia dito. Mark era algum tipo de santo? Ele não parecia ser. Ele festejava demais e saía com um número aparentemente infinito de mulheres. Pelo menos, era o que o pai de Brad lhe contava. Santos não faziam isso.

Anne conferiu sua caixa de correio, abriu a porta, empurrou seu cão para dentro e jogou suas chaves na mesa de cozinha redonda. Então, colocou ração para o Sunshine em sua tigela de metal e se sentou ao som do cão mastigando sua comida. Havia quatro cadeiras ao redor da mesa, mas Anne se sentou onde sempre se sentava quando Jeremiah e Eddie ainda estavam com ela, na cadeira próxima à pia. Depois da morte de Jeremiah, ela jamais se sentou em sua cadeira. Era o lugar dele.

Ela abriu o pacote de correspondência, que o carteiro sempre prendia com um elástico. Contas e propaganda. A revista *Enter-*

tainment Weekly, um prazer inocente. A revista *The New Yorker*, por causa dos textos de ficção, não por causa das charges. *The Economist*, revista em que se viciou durante a faculdade, apesar de ela ser a única pessoa que conhecia que realmente a lia. E um cartão de sua prima. Ela abriu o envelope com a faca de carne. Elizabeth tinha essa mania de enviar cartões, e Anne não se surpreendeu ao ver um sol amarelo de mãos dadas com outro sol amarelo. Ambos os sóis estavam sorrindo. "Amor!" diziam ambos os sóis. "Meu *Deus*", Anne suspirou em voz alta.

No verso do cartão, Elizabeth havia escrito: "Eu sei que o aniversário de Jeremiah está se aproximando, e eu queria que você soubesse que estou pensando em você. Muito amor, Elizabeth. BJBJBJ."

Um dos dias mais felizes de sua vida havia se transformado em um dia que a deprimia. O único dia que ela temia ainda mais era a data da morte do filho. Ela olhou para os sóis e odiou seus rostos estupidamente felizes. Algum dia, ela diria à sua prima que, se ela pretendia enviar um cartão que mencionasse o filho falecido de alguém, ela deveria escolher um cartão sem objetos celestiais sorridentes.

Ao se acomodar na cadeira, Anne sentiu algo se mexer no bolso de sua calça; ela tirou o cartão do monastério. Ele estava um pouco enrugado nas partes em que as gotas de chuva haviam caído.

O rosto de Maria não lhe parecera tão triste no monastério. No cartão, porém, ela parecia estar prestes a chorar. Ou talvez estivesse apenas com uma expressão séria. Era estranho ver a imagem de uma mãe segurando seu bebê com uma expressão tão sombria.

O pai de Anne costumava rezar o rosário todas as noites, e sua mãe tinha uma estátua de porcelana da Virgem Maria em seu criado-mudo, mas Anne não sabia muito sobre a mãe de Jesus. Às vezes, ela queria saber mais sobre a Bíblia. Suas lembranças da escola dominical se limitavam a desenhos da arca de Noé, aos hinos de Natal e aos modelos de argila do túmulo de Jesus. Ela voltou a pensar sobre Maria.

Maria teria dado à luz Jesus se ela soubesse o que aconteceria com ele? Sim, ele ressuscitou dentre os mortos, mas como ela aguentou vê-lo sofrer? Certa vez, Anne assistiu a um filme em que Maria se ajoelhou ao pé da cruz, enquanto Jesus estava sendo crucificado, depois se agarrou à cruz e gritou.

Maria tinha um filho, ela pensou de repente. Anne não sabia explicar por que nunca havia pensado nisso antes. Ela se sentiu estúpida. Maria era a mãe de Jesus. Mas de alguma forma, quando ela pensava nas palavras "Maria tinha um filho", isso soava diferente. A sensação era diferente. E Maria tinha um filho que morreu. Alguém teve que lhe dizer que seu filho seria crucificado? Será que tiveram que correr pelas ruas de Jerusalém para encontrá-la na Sexta-Feira Santa? Alguém teve que dizer: "Maria, depressa! Estão matando seu filho!" Quem teve a tarefa cruel de informar Maria?

Anne se lembrou de como ela abriu a porta e se deparou com a polícia naquela noite de verão.

Ela virou o cartão.

Vigiando ao pé da cruz,
Maria chorou,
Perto de Jesus até o fim.
Maria, Mãe das Dores, rogai por nós!

Quando Anne leu as palavras sobre estar perto de Jesus, ela sentiu um aperto no peito. Foi exatamente assim que ela se sentiu ao ver Jeremiah na cama do hospital. Ela não sentia vergonha por ter gritado de desespero quando a polícia lhe trouxe a notícia. Ela não sentia vergonha por não ter conseguido parar de chorar no carro de polícia no caminho para o hospital, enquanto as sirenes cortavam o ar úmido daquela noite. Ela não sentia vergonha pelo fato de as pessoas terem ouvido seu choro na UTI. Ela só queria estar perto de Jeremiah. Seu cabelo se parecia como quando ele estava com febre — suado e colado na testa. Mas agora estava impregnado de sangue. Quando ela o viu, sabia que ele estava morrendo. Porque, de alguma forma, Jeremiah não se parecia com o Jeremiah que ela conhecia.

Tudo que ela queria era estar próxima dele. Ela queria apertá-lo com tanta força que ele jamais conseguiria partir.

Anne ficou olhando para as palavras no verso do cartão. "Perto de Jesus até o fim." Ela cobriu sua boca com a mão e soluçou. Ela odiava o monge por ter lhe dado esse cartão e, ao mesmo tempo, sentiu-se agradecida. Sunshine se esfregou em seus tornozelos. "Está tudo bem", ela disse ao cachorro e acariciou sua cabeça dourada.

Cuidadosamente, Anne secou o cartão com uma toalha de papel e o prendeu na porta da geladeira com um ímã vermelho dos Phillies que Jeremiah havia comprado para ela quando foi ao seu primeiro jogo.

10

O abade quase não podia acreditar quanto trabalho ele tinha a fazer naquela noite.

Uma das coisas que incomodavam o padre Paul de vez em quando era o que os "seculares", as pessoas que não viviam no monastério, diziam sobre seu trabalho.

— Deve ser agradável viver sem responsabilidades — disse uma benfeitora católica rica alguns dias atrás durante uma visita. Ele ignorou sua irritação, pois o monastério dependia da generosidade daquela mulher.

— Bem — disse ele —, é *ora et labora*, oração *e* trabalho. Na verdade, sou um homem bastante ocupado.

— Tenho certeza disso — ela respondeu levemente, e ele percebeu que ela não acreditava em suas palavras.

Quando Paul se tornou noviço, seus amigos reagiram de duas formas. Ou pensavam que Paul estava desperdiçando sua vida após ter feito seu doutorado em história canônica e ter conseguido um emprego como professor em Villanova, ou que ele estava entrando num mundo perfeito sem conflitos, problemas mortais e em que uma vida de oração era a norma. Nenhuma das versões correspondia à realidade. Paul sabia que sua vocação não era um desperdício de vida; era sua realização. Alguns anos após se tornar membro da comunidade, seu abade pediu que ele lecionasse história canônica aos noviços. "Precisamos de todos os seus talentos aqui. Deus os deu a você, e depois Deus deu você a nós.", o abade disse. E Paul gostava de usar seus talentos. Mais tarde, quando foi nomeado diretor do noviciado, Paul enviou uma imagem do santuário ao presidente de sua antiga faculdade em Villanova. "Ensinando de novo", ele escreveu, "mas dessa vez sem comitês!" O presidente da faculdade respondeu: "Quero me matricular."

No que dizia respeito a uma vida monástica sem conflitos, Paul costumava contar a história do frei Francis, um monge, há muito falecido, que tinha um jeito peculiar de expressar o desagrado que seus confrades lhe causavam. Sempre que os monges cantavam um salmo que continha a palavra "inimigo" — como, por exemplo, em "Resgata-me dos meus inimigos, ó Deus" — o frei Francis levantava seus olhos e os fixava no monge que estava o irritando naquela semana.

E quanto a uma vida de oração sempre rica? Paul havia sido monge tempo suficiente para saber que a vida espiritual tinha seus altos e baixos. Muitas vezes, ele se sentia próximo de Deus — em sua oração particular, ou rezando com a comunidade, ou durante a correria do dia a dia. Às vezes, uma palavra ou expressão dos salmos parecia atingi-lo diretamente no coração, como uma flecha. Muitas vezes, uma história dos Evangelhos, que ele já ouvira dezenas de vezes, lhe parecia novinha em folha, como se ele jamais a tivesse ouvido antes, adquirindo um impacto enorme. Às vezes, ele podia estar rindo com um confrade sobre as loucuras da vida no santuário e, de repente, sentir-se inundado por um sentimento de consolação. E, às vezes, Paul tinha também aquilo que mais tarde ele reconheceria como uma experiência verdadeiramente mística. Certa vez, durante as Vésperas, ele se sentiu preenchido pelo amor expansivo de Deus, como se seu coração não fosse grande o bastante para contê-lo. Ele valorizava esses momentos.

Mas ele sabia também que a vida espiritual tinha seus períodos de seca — às vezes, longos períodos de seca — durante os quais Deus parecia distante. A oração se transformava em uma rotina entediante. *Se eu tiver que cantar esse salmo mais uma vez*, ele pensou certa vez, *minha cabeça explodirá*. E ele teve que reconhecer que, às vezes, a Missa podia ser chata. E às vezes sua oração pessoal podia ser cheia de distrações. Curiosamente, porém, com o passar do tempo e à medida que ele foi lendo os escritos de grandes mestres espirituais (que vivenciaram mais ou menos o mesmo), menos ele se preocupava com os períodos de seca. Era como em qualquer outro relacionamento: a vida não podia ser excitante o tempo todo. *Talvez*, Paul pensou alguns anos atrás, *o coração humano não aguentaria se Deus estivesse sempre próximo.*

A vida no monastério era gratificante e também corrida. Certa vez, ele anotou a agenda de um dia típico do abade para as suas irmãs, juntamente com os nomes das diversas orações ao longo do dia — "O dia abacial". Paul amava a palavra "abacial". Era absurdamente pretensiosa, por isso, usava-a sempre que possível para entreter os monges. "Por favor, sente-se no sofá abacial, padre."

Paul guardava uma cópia dessa folha, que ele mandou para os amigos do lado de fora, pois sempre lhe perguntavam: "O que um abade faz o dia todo?" Infelizmente, ele não a tinha por perto quando a benfeitora fez aquele comentário.

O Dia Abacial

3h30: Vigília. A primeira oração do dia, a minha preferida. Levei quase um ano para me acostumar com o horário, mas depois descobri que eu adoro rezar no escuro, antes de iniciar o dia.

4h15-6h00: Café da manhã. Uma refeição simples, seguida por um tempo de oração em silêncio e leitura espiritual em meu quarto (na minha "cela", como dizemos), e, é claro, tomar banho, fazer a barba etc.

6h00: Laudes. A Missa diária em seguida. Normalmente, sou eu quem celebra a Missa nos dias das festas principais, mas eu me revezo com os outros padres daqui no restante dos dias.

7h00: Leitura espiritual, correspondência, preparação das palestras para os monges no "capítulo", nossa reunião comunal. É quando escrevo também as minhas homilias, quando é a minha vez de celebrar a Missa no dia seguinte.

9h00-12h00: Visita dos monges na enfermaria; visita de controle na fábrica de geleia; reunião com o administrador, o monge responsável pela comida e provisões; conversa com o diretor da planta física sobre o terreno etc. É este o momento em que tenho a sensação de administrar uma pequena cidade.

10h: Terça. Posso fazer essa oração onde eu estiver, por exemplo, na fábrica de geleia.

12h15: Sexta. A essa altura do dia, é possível que eu caia no sono durante a oração — algo que um abade não deveria fazer.

12h30: Almoço. A comida é bastante gostosa. E já que sou o abade, posso garantir que isso continue assim!

13h: Arrumar a cozinha.

14h: Nona. Essa oração se chama assim porque acontece na "nona hora" após o raiar do dia.

14h15-17h30: Leitura espiritual, correspondência e e-mails, reuniões no capítulo, visita aos monges doentes na enfermaria, visita aos monges que trabalham, reuniões com os monges responsáveis por outras partes do monastério, com um intervalo para orações pessoais.

17h30: Vésperas.

18h-19h30: Jantar, limpeza, reuniões pessoais com os monges ou orientação espiritual. É essa a hora em que, às vezes, me encontro com pessoas "de fora".

19h30: Completas. A última oração do dia. No final das Completas, eu abençoo todos os monges com água benta antes de nos retirarmos para dormir. Ver como monges mais velhos, alguns dos quais me treinaram, curvam suas cabeças e pedem uma benção é uma experiência de humildade.

20h: Leituras diversas, atualização das notícias, hora de dormir. Normalmente, estou exausto.

Paul nunca teve a ambição de se tornar abade. Tampouco imaginou que jamais seria um candidato ao cargo. Mas quando as eleições se aproximaram três anos atrás, ele percebeu que os monges estavam à procura de uma pessoa mais jovem para assumir a responsabilidade. Como monge de meia-idade que havia completado sua formação, servido como diretor do noviciado e que possuía uma saúde razoável (com exceção de uma dor constante na coluna), ele suspeitou que provavelmente seria levado em consideração. Mas a eleição de Paul foi uma surpresa apenas para ele. O clérigo foi eleito no primeiro turno.

A despeito de suas responsabilidades, e apesar de sentir falta da vida mais simples de um monge, ele gostava da vida como abade. Paul era eficiente, e os monges gostavam dele. A maioria deles. Sempre havia pessoas na comunidade que não se davam bem e que não se davam bem com ele. Um monge, que não tinha simpatia por Paul desde o início de seu noviciado, ficou furioso quando Paul foi eleito. Paul tentava tratá-lo com uma cautela especial. Mas ele gostava de ser abade. E ele amava a vida no monastério.

Por outro lado, como ele costumava lembrar aos seculares, a vida no Santuário dos Santos Felipe e Tiago não era perfeita. A despeito de suas melhores intenções, os monges discutiam, se irritavam uns com os outros e, às vezes, guardavam mágoas. Os monges também eram imperfeitos e pecadores. Como Paul. Uma frase de Thomas Merton, um monge trapista cujos livros ele lera pela primeira vez durante o ensino médio, colocava tudo sob a perspectiva certa: "O primeiro e mais elementar teste para a vocação de uma vida religiosa — seja como jesuíta, franciscano, cisterciense ou cartuxo — é a disposição para aceitar uma vida numa comunidade em que todos são mais ou menos imperfeitos." Paul decorou essa citação e, muitas vezes, a recitava para os noviços.

João Berchmans, um santo jesuíta sobre o qual ele havia lido durante o noviciado, escreveu: *Vita communis est mea maxima penitentia*. Os estudiosos pios costumavam traduzir *vita communis* como "vida comum", ou seja, o dia a dia de homens e mulheres — levantar, trabalhar, enfrentar a vida etc. Mas Paul suspeitava que outro significado era mais provável. "A vida em comunidade", a vida numa ordem religiosa, era sua maior penitência. Em dias frios de inverno, quando um terço dos monges sofria de gripe, outro terço sofria de depressão e o último terço estava irritado com ele por causa de alguma decisão que ele havia tomado, Paul rezava para o São João Berchmans.

Muitas vezes, Paul cogitava em mudar a citação de Berchmans para: "A vida em comunidade é minha maior penitência e minha maior benção".

Havia muitas coisas que ele amava — desde o seu primeiro dia aqui. Durante sua primeira semana no monastério, ele disse ao mestre dos noviços que ele amava isso tanto que queria cantar. O padre Edward respondeu: "Que bom, então, que cantemos — várias vezes por dia!"

Suas outras paixões eram fáceis de identificar. Paul amava a agenda estruturada, que o livrava da necessidade de se perguntar o que ele deveria fazer quando e em que dia. Também gostava do fato de não ter que se preocupar onde ele estaria no futuro. Seus irmãos e suas irmãs pareciam mudar de emprego a cada ano e, no ano passado, um irmão teve que se mudar com sua família da Filadélfia para a Carolina do Norte. Paul, porém, ficaria aqui até o dia da sua morte e ele seria enterrado no cemitério do santuário. "Este é o meu lar futuro", ele disse a sua irmã certa vez, quando passaram pelas fileiras de cruzes brancas. Ela achou isso um tanto mórbido. Para ele, era um consolo. No fim de seu noviciado, Paul fez os votos de obediência, conversão de vida (ou seja, de viver como monge) e estabilidade. Estabilidade foi o voto mais fácil para ele.

Ele gostava de rezar, ou melhor, cantar, com seus confrades, pois quando estava feliz com sua vocação e queria clamar a Deus, ele podia fazê-lo; e quando ele duvidava de sua vocação, havia outros que não duvidavam e que podiam sustentá-lo com suas orações.

Outra alegria de Paul era ver como as estações mudavam esse pedaço magnífico de terra. Em dias de tempestade, Paul podia olhar pela janela do dormitório e observar como os pinheiros se curvavam no vento, e isso era algo lindo. Em dias de neve, ele observava como a camada de neve crescia no telhado da fábrica de geleia, e isso era algo lindo. E nos dias de primavera, seus preferidos, ele podia admirar as cerejeiras no jardim do claustro que explodiam em flores brancas e rosadas, e isso era o mais lindo de tudo.

O abade olhou pela janela para o céu escuro, depois, sentou-se à escrivaninha, pegou um cartão com uma foto do jardim do claustro e começou a escrever uma carta para uma mulher que acabara de doar uma pilha de comentários bíblicos. A biblioteca já possuía essa série de livros, uma série antiga e ultrapassada. Paul queria agradecer-lhe mesmo assim.

II

Durante os dias que se seguiram, aquela expressão não saiu da cabeça de Anne: "Perto de Jesus até o fim." Era exatamente assim que ela se sentia em relação a Jeremiah. Quando dirigiu para o trabalho na sexta-feira seguinte, ela não ligou o rádio para poder descobrir por que essas palavras a comoviam tanto. Quando passou pela saída que levava ao monastério, ela pensou em dar uma passada na igreja para contemplar a imagem de Maria, mas então deu uma risada.

"Bem, tenho certeza de que o resultado disso seria maravilhoso!", ela disse em voz alta no carro. Balançou a cabeça, imaginando a reação do seu chefe quando ela lhe explicasse que havia se atrasado por causa de uma visita ao monastério.

Depois da morte de Jeremiah, Anne se sentiu grata por ter um emprego. Não havia dúvida de que ela continuaria trabalhando; mesmo com a renda do aluguel da segunda casa, ela precisava disso para se sustentar. Mas depois do acidente e do enterro e das semanas trancada dentro de casa, ela estava feliz por ter algo que desviasse sua atenção de sua tristeza. Após alguns meses, ela começou a se sentir presa pela casa, como se ela estivesse a esmagando com as lembranças. E assim, apesar de suas grandes dificuldades de se concentrar e de todos a tratarem como se ela fosse um vaso de cristal, ela, em um dado momento, ligou para o seu chefe e o informou que estava voltando ao trabalho, e nunca se arrependeu disso.

Aqueles versos sobre Maria a acompanharam. Durante o intervalo de almoço daquela sexta-feira, ela entrou na internet e digitou "Perto de Jesus até o fim" num site de busca.

Muitas imagens supercatólicas apareceram na tela, o tipo de coisas que ela odiava. Uma imagem cafona de Maria segurando um Jesus sangrento e morto. Uma pintura flamenga da crucificação, com uma Maria em prantos e outra pessoa ao pé da cruz. E uma pintura do ponto de vista de Jesus na cruz, mostrando Maria e algumas outras mulheres caídas no chão, tristes sob os olhares de soldados romanos. Alguns cliques lhe revelaram que os versos eram uma citação de uma longa oração chamada *Stabat Mater*, que falava sobre Maria ao pé da cruz. Anne começou a ler a oração, mas logo perdeu o interesse. Ela não gostou da oração, apenas dos versos em seu cartão. Novamente, Jeremiah lhe veio à mente e ao coração.

De repente, ficou com raiva de si mesma. *O que estou fazendo olhando para todas essas coisas religiosas? Que droga.* Deus não lhe ajudara quando Jeremiah estava morrendo. Deus certamente não ajudou Jeremiah. Deus não estava perto dela, de Jeremiah, de qualquer pessoa.

Ela fechou a página, enfiou sua cabeça no escritório ao lado e perguntou à sua colega mais jovem, Kerry, se ela estava a fim de comer algo.

— Claro — respondeu Kerry —, o que você está fazendo?

— Nada — disse Anne. — Apenas desperdiçando meu tempo na internet.

No fim do dia, Anne sentiu uma mistura incomum de emoções. Seus pensamentos estavam com Jeremiah, como sempre.

Após três anos, ela estava se acostumando com isso e com o fato de que suas entranhas se remexiam sempre que ela pensava nele. A terapeuta que a tratou durante os meses após a morte de Jeremiah lhe dissera que era normal ela pensar no filho com tanta frequência. Mas agora havia surgido algo novo: uma curiosidade em relação ao monastério, principalmente em relação àquela pintura.

12

Voltando para casa pela Blue Route, Anne se aproximou da saída para o santuário. Ela estava ficando cada vez mais irritada consigo mesma, perguntando-se por que ela ficava pensando naquela pintura de Maria. Parecia uma perda de tempo. Não havia jeito de saber como Maria se sentiu.

Ela também estava se perguntando se deveria deixar seu luto para trás. Ou se ela conseguiria fazer isso. Como acontecia frequentemente, Anne estava confusa não só em relação ao que estava sentindo mas também em relação ao que *deveria* estar sentindo. O que era normal? Ela não queria se esquecer de Jeremiah — isso seria impossível — mas ela queria parar de ficar obcecada com sua morte, parar de ficar remoendo o acidente o tempo todo. Ela queria lembrar-se dele vivo, não morto. Isso era possível? A terapeuta lhe disse que qualquer coisa que ela sentisse seria normal. "Permita-se sentir o que sente. Não existe um cronograma para o luto", ela lhe disse.

Imediatamente, a imagem de Maria lhe voltou à mente.

Maria não precisou ficar em luto durante muito tempo — apenas três dias, certo? Depois de três dias, ele voltou. Jeremiah estava morto havia três *anos*.

"Tente lidar com isso, Maria", ela disse no carro em voz alta. Mas logo sentiu-se culpada por suas palavras. Por outro lado, ela nem sabia se acreditava em Deus, quem então se importaria?

Assim, ela repetiu: "Tente lidar com isso, Maria".

Ela se sentiu melhor por dizer a Maria ou talvez a Deus como ela se sentia.

E depois sentiu vergonha. Maria havia visto seu filho sofrer na cruz durante três horas. Anne se lembrava de como ela segurou a mão de Jeremiah durante três horas no hospital, até sua morte. Ela continuou se agarrando a ele mesmo quando os médicos lhe disseram que ele havia "partido". Partido. Que coisa estúpida de se dizer. Partido para onde?

Maria entenderia por que ela continuou segurando seu filho. Uma mãe entenderia a outra. Anne sentiu um aperto na garganta. Ela queria conversar com outra mulher que também havia perdido um filho. O que Maria diria?

"Ah, droga". Anne pegou a saída que levava ao santuário.

Era sua hora predileta do dia, pouco antes da hora do jantar, quando o sol se punha e lançava feixes de luz rosada nas partes inferiores das nuvens. Sua mãe costumava chamar essa cor de "céu azul-rosa".

Ela seguiu a placa que indicava o caminho para o santuário, passou pelo portão de ferro e seguiu o longo caminho até o monastério. Ela se lembrou de como ficava sentada ao lado do pai em seu velho Ford Falcon. O que havia o levado até aqui? Seu trabalho para os monges sempre lhe parecera algo que ele simplesmente *fazia* — como pagar as contas a cada mês ou cortar a grama toda semana — algo que ela nunca questionou. Ela jamais teria perguntado ao pai por que ele ia ao santuário, como não perguntaria por que ele colocava o lixo na rua às quartas.

Por que ela não conversou com seus pais sobre sua fé? Quando jovem, Anne achava que a religião estava sendo imposta a ela, e quando foi para a faculdade, ela se sentiu aliviada por poder deixar tudo isso para trás. Mas agora ela se perguntou o que acontecera com seus pais. Se ela tivesse conversado com eles sobre sua fé, talvez, hoje, acreditaria em algo, em vez de sentir que estava perdendo algo que outras pessoas possuíam. No entanto, ela sabia que, se tivesse perguntado, o resultado teria sido uma discussão sobre por que Anne não frequentava a igreja.

Ela estacionou onde a picape de Mark havia parado alguns dias atrás, na frente da capela. Havia dois outros carros no estacionamento.

A pesada porta de madeira da capela se abriu silenciosamente. Ao entrar, Anne se deparou com a parede que a incomodara quando o padre Paul chamou sua atenção para ela. Uma senhora idosa de blusa azul de mangas compridas, jeans e tênis estava ajoelhada no banco diretamente atrás do muro na seção dos visitantes. Anne se sentou no último banco. De lá, era difícil ver a imagem de Maria, que ficava na parede lateral da capela.

Anne esticou o pescoço para conseguir uma visão melhor. *É absurdo ter uma seção de visitantes*, ela pensou. *Que tipo de igreja é esta?*

Ela se levantou e passou pela mulher em oração, que levantou a cabeça a tempo para ver como Anne passava pela abertura no muro e entrava na seção reservada aos monges. A mulher soltou um suspiro alto, aparentemente incomodada por ter sua privacidade invadida.

De perto, as cores eram mais vívidas do que na lembrança de Anne, mais fortes do que no cartão. O vestido vermelho, quase marrom de Maria tinha uma estrela branca e delicada sobre seu ombro direito. E Jesus não estava vestindo um manto branco, como no cartão, mas um manto cor de creme. Sua mão direita fazia um gesto de paz, os dois primeiros dedos pressionados um contra o outro. No entanto, Maria não estava olhando para a criança em seus braços. Ela estava olhando diretamente para Anne.

"Olhe para mim", Maria parecia estar dizendo. "Eu sei o que você sofreu."

Alguém tossiu. Não era a mulher ajoelhada. Era outra pessoa. Anne se assustou e ficou paralisada. Após alguns segundos desagradáveis, ela se virou para o lado e ficou horrorizada ao ver como um monge idoso sentado numa das baias olhava fixamente para ela. Evidentemente, ela havia interrompido sua oração.

— É você, Annie? — perguntou uma voz rouca.

— Sim — ela respondeu. — Eu sou a Anne.

O velho monge, curvado, mas com cabelo grisalho denso, se segurou no corrimão da baia e se levantou sorrindo.

— Annie — ele disse, enquanto descia lentamente pelos degraus que levavam à fileira traseira elevada.

Anne se sentiu como se estivesse vendo um fantasma. Ele veio em sua direção.

— Padre Edward?

— Em carne e osso! — ele disse. — Bem, pelo menos naquilo que restou de mim.

Ele sorriu para ela e lhe mostrou seus grandes dentes tortos. Ela se perguntou se ele continuava com aquele mau hálito.

— Vamos sair daqui — ele sussurrou. — Não deveríamos conversar aqui dentro. — Ele foi até a porta, mergulhou seus dedos na fonte de água benta e se abençoou. Anne o seguiu, e ele a levou para o mesmo corredor em que ela estivera com Mark e o abade alguns dias atrás. No jardim, uma brisa leve agitava as flores rosadas das cerejeiras.

Os corredores do santuário estavam banhados na luz alaranjada do pôr do sol. Ela se perguntou por que havia estado tão escuro antes e por que agora estava tão claro, quando se lembrou que estivera chovendo durante sua primeira visita.

— Ah, Annie — o velho padre disse, agarrando-se ao braço de um banco de madeira encostado na parede e sentando-se lentamente. Agora, já não sussurrava mais. — O abade me contou que você havia vindo. Fiquei tão feliz ao ouvir isso. É tão bom vê-la! E eu a reconheceria em qualquer lugar. Seu cabelo castanho e esse sorriso. Mas você perdeu suas pintinhas, não é?

Ela enrubesceu e sorriu. Poucas pessoas se lembravam dela como garota — seus pais estavam mortos, e restavam apenas poucos primos, espalhados pela Filadélfia. Eles haviam lhe ajudado após o acidente. Mas após alguns meses, ela não se sentia mais à vontade perto deles, não sabendo o que dizer. E ficou chocada e entristecida consigo quando percebeu o quanto ela se incomodava com o carinho que eles dedicavam aos seus filhos vivos. Então, parou de ligar para eles.

— Seu pai foi um grande amigo para nós aqui. Um grande amigo — o padre Edward disse enfaticamente. — Tão generoso. Cuidou das nossas finanças de graça durante todos esses anos.

Hein? Ela sempre acreditara que ele era pago por seu trabalho.

— Sim — ela disse —, ele era muito generoso nesse sentido.

— O que você está fazendo de pé? Sente-se aqui do meu lado. Bem aqui, querida. E sua mãe! Sua mãe era uma mulher maravilhosa! — Ele se curvou em sua direção e disse: — De vez em quando, eles me levavam para jantar fora, e eu adorava fugir do santuário.

Anne suprimiu um sorriso quando percebeu que ele cheirava a enxaguante bucal. Em algum momento dos últimos trinta anos, alguém deve ter falado com ele sobre seu mau hálito.

— Eles o levaram para jantar? — Anne perguntou.

— Oh, sim — ele respondeu. — Havia um restaurante maravilhoso perto daqui, chamado *Refúgio das Quatro Quedas*. — Anne se lembrava daquele lugar, que ficava ao lado de uma autoestrada movimentada, aos pés de um paredão com quatro cachoeiras. — Eu adorava os frutos do mar de lá. Certa vez, devorei dois pratos. Sua mãe pediu um, eu pedi outro, e ela me deu o dela, porque sabia que eu tinha vergonha de pedir dois só para mim. Ah!

Como era estranho estar aqui, sentada com um homem que ela acreditara ter morrido há muito tempo e que agora falava tão abertamente sobre seus pais. De repente, abria-se uma janela para o seu passado.

— O abade Paul me contou que você havia vindo, e eu senti tanto por não ter encontrado uma maneira de entrar em contato com você. Onde você mora?

— Ah, seguindo pela Blue Route. Num lugar chamado Plymouth Meeting.

— É pertinho daqui. Aquela noite, foi a primeira vez que você voltou desde então? — Sem aguardar uma resposta, ele continuou. — Durante todos esses anos, eu me perguntei o que havia acontecido com você. Sinto tanto por não ter conseguido encontrá-la. Depois do enterro de sua mãe, eu me dei conta de que não sabia onde você morava, e eu não tinha seu número de telefone. E na época, era difícil para nós usar um telefone, e nós tínhamos uma única agenda. Eu não conhecia seu nome de casada, e então perdi o contato. Sinto muito, querida.

Anne se comoveu com sua tristeza. Ela não sabia a qual dos comentários deveria responder, então, começou pelo primeiro.

— Sim, aquela noite foi a minha primeira visita depois de muito, muito tempo. — O padre Edward olhou para ela com um sorriso. — Eu sempre vivi por perto, mas eu acho...

Ela não sabia como dizer que não havia pensado muito no monastério desde a morte de seus pais.

— É claro, você estava ocupada — ele disse. — Você tem uma *vida*! Afinal de contas, quem visitaria um velho monge? — Ele fez um gesto com a mão, afastando qualquer pensamento desagradável.

Ele sempre foi tão amável? Anne estava começando a entender por que seus pais gostavam de sua companhia. O padre Edward não havia parado de sorrir desde o momento em que havia chamado seu nome na capela. E ele continuava a sorrir, de tão feliz que estava em revê-la. Anne se perguntou se ele se sentia solitário. *Alguém o visita de vez em quando?*

— O abade Paul me contou que você passou por aqui com o Mark. É isso mesmo? Você veio para as Vésperas? Você rezou conosco?

— Não, padre, não rezei.

O padre Edward ficou esperando para que ela lhe contasse o motivo de sua visita, como se isso fosse a coisa mais importante do mundo.

— Mark Matthews estava me dando uma carona, porque meu carro havia enguiçado, e então ele se lembrou de ter esquecido seu celular. — Ela riu. — É um pouco complicado.

O rosto alegre do padre Edward indicava que ele estava grato por poder conversar com alguém, que estava até ansioso para ouvir uma longa história, e assim ela lhe contou toda a história daquela noite, esperando não soar desdenhosa a respeito do monastério — afinal de contas, sua visita havia acontecido apenas por acaso.

— Foi Nossa Senhora que a trouxe de volta — ele disse.

Ela olhou para o padre, surpresa.

— Eu vi como você ficou olhando para o ícone da Nossa Senhora. Não é uma imagem linda?

— Sim.

— Sempre gostei de como ela segura Jesus — disso o padre Edward. — E você, do que é que você gosta?

Anne não havia esperado esse tipo de conversa, mas o padre Edward era muito amável, e Anne percebeu que ela realmente queria conversar sobre isso.

Ela lhe contou o quanto gostava como Maria olhava para ela de forma tão direta. Maria era tão carinhosa com o bebê e, ao mesmo tempo, tão forte. Ela gostava dessa combinação.

— É isso mesmo — disse o padre Edward, que olhava para Anne enquanto ela falava. — É exatamente assim que Maria é. Carinhosa e forte. E adivinha: o ícone se chama Nossa Senhora da Ternura. — Ele parecia grato pelo fato de Anne ver o que ele via. — Então, o que você tem feito durante todos esses anos? Você é casada? Tem filhos? Eles frequentam alguma escola aqui perto? Uma escola católica?

Dessa vez, Anne se recusou a chorar. Ela balançou a cabeça fortemente.

— Não, sinto muito ter que dizer que sou divorciada.

O padre Edward disse:

— Sinto muito por isso. É uma experiência dolorosa.

Ela ficou em silêncio durante algum tempo. Finalmente, ela disse:

— E eu tive um filho, mas... ele morreu alguns anos atrás.

— Ah, não! — o padre Edward disse, com olhos arregalados. — Oh, sinto muito! — Ele estendeu o braço, pegou sua mão e a apertou com força. — Qual era o nome dele?

— Jeremiah.

O padre Edward fechou os olhos.

— Jeremiah — ele disse com uma voz suave. — Eu rezarei por ele.

Anne curvou a cabeça e sentiu um aperto no peito. Ela não iria chorar.

— O que aconteceu com ele?

Anne lhe contou a história. Ela havia contado a história já tantas vezes que havia decorado duas versões, uma curta e outra mais longa. Hoje, ela usou a versão mais curta: o acidente, o hospital, o funeral. Enquanto contava a história, ficou olhando para o jardim do claustro. Foi estranho; enquanto falava, mesmo ao relembrar todos os detalhes, ela percebeu que seus sentimentos estavam diminuindo. Quando terminou, ela viu que os olhos do padre Edward estavam cheios de lágrimas.

— Sinto tanto por você, Annie. Tenho certeza de que você sente uma falta terrível. Que ele descanse em paz. — Nesse momento, o sino tocou. — Vésperas — o padre disse. — Você gostaria de se juntar a nós?

— Não — ela respondeu. — Prefiro ficar sentada aqui.

Ele soltou sua mão.

— Rezarei por Jeremiah todos os dias — ele disse. — Mas tenho certeza de que ele não precisa das minhas orações. Tenho certeza de que seu garoto maravilhoso já está no céu. E sei que ele esteve rezando por você durante todo esse tempo, Annie.

Ela nunca havia pensado nisso antes, e agora sentiu uma grande tristeza e gratidão. E culpa. Ela poderia ter rezado por Jeremiah, e agora ele estava rezando por ela. Agora, estava tão confusa que não sabia mais em que acreditar. Anne abaixou a cabeça e resistiu ao desejo de chorar.

— Oh, sinto muito — disse o padre Edward. — Parece que eu sempre digo a coisa errada.

Os monges apareceram no corredor e caminharam em silêncio até a capela, enquanto o sino continuava a tocar.

— Annie — ele sussurrou. — Me perdoe, mas preciso ir às Vésperas. Mas quero lhe dizer algo.

— Ok — ela disse.

— Não se esqueça de que estarei rezando por você e por seu filho. E venha até aqui sempre que tiver vontade. E peça para me ver também. — O padre Edward se apoiou no braço do banco e se levantou, depois se abaixou como que para falar mais uma vez com Anne, mas então se ergueu. — Deus a abençoe — ele disse e, então, seguiu lentamente em direção à igreja.

Anne viu o abade se aproximando. Seus passos eram mais rápidos do que os dos outros monges. Ao se aproximar, acenou para ela e sorriu, mas parou de sorrir quando viu seus olhos vermelhos, mas logo o sorriso voltou para o seu rosto.

— Bem-vinda de volta — ele disse. — Fico feliz em revê-la.

Anne respondeu com um sorriso. Então ele desapareceu na igreja.

Ela ouviu os monges se sentando em suas baias. O órgão entoou uma única nota.

— Senhor, que minha oração noturna se eleve a ti... — cantou um monge.

— E que tua ternura amorosa recaia sobre nós — responderam os outros.

Enquanto escutava os monges cantando seus salmos, Anne se perguntou como havia chegado ali. Ela não havia planejado ir e estava irritada consigo mesma por não ter conseguido se esquecer daquela pintura. Porém, agora, ela estava feliz por ter ido. A música era linda, ela gostava da pintura de Maria e o padre Edward era muito amável. Era como se ela estivesse conversando com seu pai.

Então, os monges cantaram o hino que seu pai costumava cantar. Ela ficou ouvindo.

Quando as Vésperas terminaram, o padre Edward e o abade voltaram para o banco em que ela estava. Antes de terem a chance de dizer qualquer coisa, ela perguntou:

— Qual foi essa última música que vocês cantaram?

— O *Salve Regina*? — perguntou o abade. — Cantamos esse hino todas as noites.

— Meu pai costumava cantarolar essa música o tempo todo. Nunca soube que música era.

O padre Edward disse:

— Sabe, seu pai adorava assistir às Vésperas e às Completas. Ele rezava conosco o tempo todo.

— Eu não sabia disso — ela respondeu. — Eu não sabia de nada disso.

13

Na manhã do sábado seguinte, Mark bateu à porta de Anne vestindo uma bermuda cáqui e uma camiseta do Boston Red Sox.

— Você sabe que pode se meter numa bela encrenca usando essa camiseta por aqui, não sabe? — ela disse.

Ele olhou para sua camiseta e riu.

— Às vezes, nem me lembro do que vesti de manhã.

Anne riu.

— Vocês, homens, são sortudos — ela disse. — Pelo menos, você é.

Mark lhe ofereceu um envelope branco, sem endereço ou remetente.

— O que é isso?

— É do Brad e dos seus amigos. O dinheiro para a janela. Eles me prometeram, ou eu os fiz prometer que eles pagariam pelo estrago. E aí está.

Anne aceitou o envelope e pensou no quanto ela gostava de Brad. Ele sempre havia sido muito bom com o Jeremiah, que havia sido uma criança um tanto introvertida antes de conhecer o garoto que se tornaria seu "melhor amigo", como os dois costumavam dizer. Brad — destemido, bem humorado, aventureiro — desenterrou um lado em seu filho que ela nunca havia visto nele antes e que ela nem sabia que existia. Uma de suas lembranças favoritas de Jeremiah era quando, aos oito ou nove anos de idade, ele escancarou a porta dianteira, correu para a cozinha e gritou: "Mãe! O Brad me chamou para jogar hóquei de rua na escola! Posso?" Era como se ele tivesse ganhado uma entrada para a final da temporada de beisebol.

Depois do acidente, apesar de Brad tratá-la sempre com muita educação, Anne percebeu que ele a evitava. E ela tinha dificuldades de dizer para Brad que sentia falta do melhor amigo de seu filho — Anne nunca conseguia encontrar as palavras que não levariam os dois às lágrimas. Ela sentia falta de ver os dois correndo por sua sala, mesmo com seus tênis cobertos de lama ou, como aconteceu certa vez, cocô de cachorro.

Em particular, John, o pai de Brad, lhe contou o quanto Brad sofreu após o funeral. Ele se trancou em seu quarto e jogou todas as fotos com Jeremiah no lixo. John as tirou do lixo com todo cuidado e as guardou, sabendo que algum dia Brad iria querer recuperar suas lembranças. John disse que o filho se culpava por ter convencido Jeremiah a acompanhá-lo ao cinema contra a vontade da mãe. Anne disse muitas vezes ao amigo do seu filho que ela não o culpava, mas ele parecia surdo para seu perdão. E era verdade: ela sabia o quanto Brad gostava de Jeremiah, e não o culpava. Anne se sentia grata por não guardar quaisquer mágoas contra ele. Simplesmente não existiam. Ela esperava que, algum dia, conseguiria dizer isso para ele.

Sempre que Anne via Brad, sentia uma vontade irresistível de abraçá-lo. Ele a fazia lembrar de Jeremiah. Ele era uma conexão viva com seu filho. Mas aos dezesseis anos de idade, já era praticamente um homem. Certo dia, Anne o viu dirigindo o carro de seu pai. Isso significava que Jeremiah também já estaria dirigindo...

— Tudo bem com você? — Mark perguntou.

Anne voltou para o presente.

— Sim — ela disse. — Tudo bem. Só estou cansada.

Ela olhou para o rosto gentil e aberto de Mark e se perguntou se deveria contar-lhe sobre sua visita ao santuário. Ela queria contar para alguém. Estava começando a ficar estranho manter isso em segredo. Além do mais, não era lá algo tão importante assim.

— Ei, uns dias atrás passei pelo santuário quando estava voltando do trabalho.

Mark levantou as sobrancelhas em direção ao seu cabelo cor de areia:

— É sério?

— Você não precisa ficar tão chocado assim. Eu costumava visitar o monastério quando era uma garota, lembra? — ela disse, já se arrependendo do tom de sua voz. Se ela havia ficado surpresa com sua visita ao santuário, por que ele não deveria se surpreender também? — É — ela continuou. — Foi bem interessante rever P&J depois de tantos anos. Eu já lhe contei que meu pai foi o contador dos monges? Que ele fez a contabilidade para eles?

Mark confirmou.

— Eles são bem legais. E encontrei um velho monge que conhecia meu pai. — Eles não são apenas legais. Eles são maravilhosos. Amo aqueles caras.

Agora era a vez de Anne ficar surpresa.

— É claro — ele acrescentou —, alguns dão nos nervos, mas em geral, gosto deles. Quem é o monge que conhecia seu pai?

— O padre Edward.

Mark jogou a cabeça para trás e riu.

— Ah, o padre Ed! Que figura. Você sabia que ele é tão esquecido que, quando lhe ajudamos a arrumar seu quarto no ano passado, encontramos uns cem dólares em troco espalhados pelo quarto?

— Eu nem sabia que eles podiam ter tanto dinheiro — Anne observou. — Afinal de contas, não são monges?

— Sim, eles fizeram votos de pobreza, portanto, não têm dinheiro próprio, e qualquer presente que receberem, dinheiro ou objetos, precisa ser entregue à comunidade. Bem, às vezes, o padre Ed recebe doações de dinheiro de sua família no Natal e aniversário, notas de vinte ou algo assim, e sabe onde ele guarda o dinheiro?

Anne balançou a cabeça.

— Ele usa as notas como marcadores de livro!

— Como é que é? Ele usa notas de vinte como marcadores de livro? — Anne exclamou. — Como um milionário? Isso que é pobreza.

— Não, não — Mark disse. — A coisa para por aí. O padre Ed não se importa com dinheiro. Na verdade, ele é bem livre nesse sentido. Quero dizer, normalmente ele entrega o dinheiro, mas, às vezes, simplesmente... esquece. Dinheiro não é algo com que ele se preocupa.

Anne não sabia como devia se sentir em relação a isso. Isso era liberdade ou simplesmente burrice?

— Em todo caso — Mark disse ao ver a reprovação de Anne —, o padre Ed é um cara maravilhoso. Ele sempre me trata bem. O que vale também para o padre Paul e o frei Robert. O frei Robert é o meu favorito. Ele sempre diz que reza por mim, e eu acho que isso não faz mal a ninguém.

— Não, acho que não — disse Anne.

Ela agradeceu ao Mark pelo envelope e começou a fechar a porta quando Sunshine veio correndo pelo corredor e se jogou contra a porta numa tentativa inútil de atacar o estranho. Mark se agachou, apertou os olhos e fitou Sunshine, o que deixou o pequeno cão enfurecido. Anne acenou para Mark e fechou a porta.

— Cale a boca, seu demônio! — ela disse ao cachorro, que latiu uma vez, por insolência, como se soubesse que Mark o ouviria.

Dentro do envelope havia uma única folha de papel liso. Quando Anne a desdobrou, uma chuva de dinheiro se derramou sobre o tapete da sala: várias notas de vinte dólares, algumas notas de dez e duas notas de cinco. Brad e seus amigos deviam ter juntado seus recursos para completar a quantia certa.

Ela se abaixou, catou o dinheiro espalhado e leu o que estava escrito em letra terrível: "Sinto muito".

14

— Você está brincando! — Kerry exclamou quando Anne explicou por que ela não poderia sair para tomar um drinque depois do trabalho. — Você vai para o *monastério*? Desde quando você é tão religiosa? — Kerry e Anne estavam sentadas a uma mesa de conferência de madeira falsa no final do dia de trabalho, com documentos financeiros espalhados à frente delas: um turbilhão de contas, recibos, declarações de renda, extratos e contratos bancários.

— Não sou — Anne respondeu, já se arrependendo de ter contado para sua amiga. — Vou visitar um amigo do meu pai, um velho monge que vive lá.

— Eles me dão arrepios — Kerry disse. — Sem sexo durante a vida toda? Rezar o tempo todo? Obrigada, mas não para mim. Por outro lado, a geleia deles é maravilhosa. Você traz alguns vidros para mim? Gosto da geleia de mirtilo.

A princípio, Anne se sentiu inclinada a defender os monges, mas então percebeu que ela concordava com Kerry, pelo menos no que dizia respeito a alguns pontos. Durante sua última visita ao santuário, ela pensou: *O que eles fazem o dia todo?* Mesmo assim, ela era esperta o bastante para não se envolver numa discussão religiosa com Kerry, que não tinha paciência para esses assuntos. Quando alguém no escritório mencionava a palavra "igreja", normalmente às segundas, Kerry costumava soltar um suspiro profundo e revirar os olhos.

Durante os últimos dias, Anne se sentiu esmagada pelo trabalho. Seu escritório havia conquistado um cliente novo que precisava de uma revisão imediata, graças a um executivo fraudulento. Anne nunca conseguiu entender como tantas pessoas roubavam de seus empregadores, mas ela havia visto o bastante para saber que acontecia com frequência. Esse desastre mais recente era típico. Kerry e Anne estavam fazendo a auditoria de uma firma cujo executivo havia criado uma estrutura de empresas falsas que emitiam notas fiscais por serviços que nunca haviam sido fornecidos. Tudo veio à luz apenas quando o executivo se gabou de seu esquema diante de outro funcionário, orgulhoso por ter enganado o presidente da empresa por tanto tempo. Fazer esse tipo de trabalho era gratificante, pois Anne sentia que podia ajudar a corrigir erros mas também a fazia se sentir quase impura. Essa auditoria despertou nela o desejo de visitar o monastério.

Após prometer a Kerry que ela não se tornaria freira, Anne organizou os documentos financeiros que havia analisado, pegou seu casaco, entrou no carro e partiu para o santuário.

Enquanto dirigia pela Blue Route, ela percebeu que estava impaciente e ansiosa pela visita. Rever o padre Edward era a coisa certa a se fazer, um tipo de retribuição por todas as gentilezas que ela havia recebido após a morte de Jeremiah — as visitas, as ligações, as flores, os cartões, os ensopados e cozidos. No dia após o funeral, quando ela contou ao pai de Jeremiah que não aceitaria mais nem flores nem comida, ele disse: "É o jeito das pessoas de demonstrarem seu amor. Você precisa permitir que elas a amem desse jeito." Não acontecia com frequência de Eddie ter razão, mas, dessa vez, ele tinha.

De algum jeito estranho, aquelas muitas gentilezas e sua visita ao padre Edward pareciam relacionadas: um ciclo de dar, receber e agradecer.

O sol já estava se pondo quando Anne alcançou o portão do santuário. No caminho do portão até o monastério, ela passou por uma mulher com a cabeça curvada e passos lentos. Mais adiante, um senhor idoso andava pelo terreno aparentemente sem destino certo, e sob os arcos do pórtico da igreja, algumas pessoas haviam se agrupado e conversavam. Ela estava invadindo algum tipo de conferência religiosa? Ela não fazia ideia do que acontecia no santuário além de alguns fatos simples: os monges rezavam, iam à missa, faziam geleia e não faziam sexo.

E, mais uma vez, ela viera despreparada: ela não fazia ideia de como encontrar o padre Edward. Algumas horas antes, ainda no trabalho, ela pretendera ligar para o santuário, mas depois desistiu, pois lembrou que os monges não possuíam telefone em seus quartos. O único número que ela encontrou na lista telefônica eram os números da fábrica de geleia, que ela não queria, e da casa de hóspedes. Ela deixara uma mensagem na casa de hóspedes, mas não sabia se a mensagem chegaria ao padre Edward.

A igreja a esperava no topo da colina. Confusa, Anne deu a volta no estacionamento, tentando descobrir algo que lhe indicasse onde moravam os monges. Ela estava envergonhada e furiosa consigo mesma por ter ido sem saber para onde seguir. "Droga", ela disse em voz alta. Então ela viu, numa estaca enfiada na terra, uma pequena placa de madeira com letras vermelhas, que dizia: "Casa de hóspedes".

Ele seguiu uma rua de seixo até uma casa de um só andar, cujas janelas com ripas, sua porta de madeira vermelha e telhado de ardósia passavam a impressão de que a casa pertencia a um hobbit. As poucas pessoas que ela encontrou ao longo do caminho a olhavam enquanto ela passava. *Intrometidos*, pensou.

O grande sino do santuário começou a tocar na torre alta. Os homens e as mulheres olharam para o alto como veados ansiosos, se voltaram para a igreja e caminharam rapidamente em sua direção. Vésperas.

Anne tocou a campainha na casa de hóspedes. Nenhuma resposta. Talvez todos os monges estivessem nas Vésperas. Ela abriu a porta e viu uma mulher idosa de cabelo escuro sentada atrás do balcão.

— Ah — ela disse enquanto se levantava, — eu estava prestes a abrir a porta.

Anne entrou numa sala pequena, cujo solo estava coberto com velhos tapetes orientais e abarrotado com estantes de livros. Uma das estantes servia para apresentar as geleias do santuário. Ao lado, havia uma estante de metal com cartões postais. A maioria dos cartões mostrava o monastério ao longo dos anos: a igreja do santuário coberta de neve, flores de primavera no jardim do claustro, borboletas no arbustos ao longo da entrada, um grupo de áceres com folhas avermelhadas no vale. Vários cartões mostravam a imagem de Maria na igreja. Um deles era o cartão que o padre Paul lhe dera naquela primeira noite.

No balcão da senhora idosa havia uma pequena placa que dizia: "Mestre dos hóspedes". Anne conseguiu segurar seu sorriso: era um título um pouco arriscado. Então, ela se perguntou por que os monges precisavam de uma casa tão grande para hóspedes. Era aqui que seus parentes se hospedavam?

— Você está aqui para um retiro? — perguntou a mulher.

Anne riu.

— Ah, não! — Ela percebeu que isso podia parecer um insulto, por isso, acrescentou rapidamente: — Estou aqui para visitar o padre Edward. Ele está?

— Meu nome é Maddy — disse a mulher e estendeu a mão. — Os monges acabaram de ir para as Vésperas, mas recebemos sua mensagem hoje, e ele está aguardando você. Você pode esperar aqui até o fim das orações, se você quiser.

Com um suspiro, Anne sentou numa cadeira de madeira com um respaldo alto e examinou algumas revistas na mesa de centro em sua frente: *America, Commonweal, U.S. Catholic, First Things, Liguorian, St. Anthony Messenger*. Ela se lembrava vagamente de ter visto seus pais lendo alguns desses títulos e folheou um deles. Muitas fotos do papa, de vários cardeais e bispos, de pessoas de países em desenvolvimento e de norte-americanos felizes e sorridentes saindo da missa dominical. Ela devolveu todas as revistas para a mesa, uma após a outra, depois pegou seu celular e começou a ler seus e-mails.

— Perdão — disse Maddy —, mas você não pode usar seu celular aqui dentro. Tentamos manter certo silêncio.

Mais regras. Outra razão pela qual ela não ia à igreja. Mas já que essa senhora parecia saber o que acontecia por aqui, Anne achou que ela poderia satisfazer sua curiosidade.

— Eu posso lhe fazer uma pergunta boba? — Anne perguntou. Enquanto as palavras ainda saíam de sua boca, ela já antecipava a resposta de Maddy. E ela não a decepcionou.

— Não existem perguntas bobas.

— Tudo bem, então — Anne disse. — O que os monges fazem o dia todo? Além de rezar e produzir geleia?

Maddy riu.

— Bem, isso já seria um dia bem cheio, se você quiser a minha opinião. Entre orações, serviços comunitários e trabalho na fábrica de geleia, alguns desses homens são mais ocupados do que eu. E olha que a minha vida é bastante corrida.

— Então — disse Anne, percebendo que sua pergunta havia sido educadamente ignorada, — o que eles fazem... exatamente?

— Ah, me perdoe — Maddy disse. — Bem, o dia dos monges é bem cheio. Creio que você já sabe que o dia deles começa às três e meia da manhã e...

— O quê? Às três e meia?

— Sim, a Vigília, e depois...

— Três e meia da *manhã*?

— Sim — disse Maddy, divertindo-se com a reação de Anne. — Depois, vêm as orações pessoais e leitura particular até as quatro, eu acho. Então eles se vestem e tomam café da manhã. Depois disso, há os Laudes, que são orações matinais, depois a Missa, e depois... — Ela fez uma pausa. — Sabe, sempre me esqueço da agenda exata. Espere um momento...

Ela abriu uma gaveta e tirou dela uma folha desbotada, intitulada de "Horarium".

— Aqui — disse Maddy. — *Horarium* significa "as horas". É a estrutura do dia dos monges. Veja.

Maddy explicou o dia a Anne. Antes da Missa, os monges rezavam o *Angelus*. Segundo Maddy, eles recitavam essa oração três vezes ao longo do dia. Depois trabalhavam ou na fábrica de geleia ou faziam coisas no monastério até o meio-dia.

— Que tipo de coisas eles costumam fazer? — Anne perguntou.

— Bem, alguns trabalham na fábrica, tanto no escritório quanto na produção. E eles cuidam dos jardins, colhem os legumes, e há muita limpeza que precisa ser feita, nos banheiros e em outros aposentos. E alguns trabalham na cozinha; há também o diretor dos noviços, um diretor para os monges jovens em formação; é assim que chamam seu treinamento. E alguns fazem orientação espiritual para as pessoas de fora, e há também o sacristão, que cuida da igreja, o enfermeiro, que cuida dos monges na enfermaria, o mestre dos hóspedes...

— Essa não seria a senhora? — perguntou Anne.

— Oh, não! — Maddy riu. — Eu não sou o mestre dos hóspedes. É o frei James. Eu apenas o apoio e o substituo quando eles estão na capela. Eles me chamam de "submestre dos hóspedes". O abade Paul me chama de "senhora dos hóspedes" ou "dama dos hóspedes", o que eu acho engraçado.

Se Maddy não estivesse concentrada na folha, ela teria visto o sorriso de Anne. Esses títulos podiam ser interpretados de modo sugestivo.

— Então — ela disse. — Este é o restante do dia. — No meio da manhã, a oração durante o trabalho, depois a Sexta, que é outra oração na capela, depois disso a refeição grande ao meio-dia e meia, em seguida, lavar louça e arrumar a cozinha. Depois, descanso ou uma caminhada. Às duas da tarde, outra oração, seguida por mais trabalho. Então podem rezar (Anne pensou: *Rezar mais?*), descansar (É o que eu faria) ou se exercitar. Ela imaginou os monges correndo pelo santuário em seus longos hábitos brancos.

Ela conhecia as Vésperas. Essa era a oração que ela parecia interromper sempre, às cinco e meia da tarde. As Vésperas eram seguidas por um "jantar" leve, o que soava bastante antiquado. Depois, mais oração, leitura e, finalmente, as Completas, a oração noturna, durante a qual rezavam o *Salve Regina*.

— O que é isso?

— O que é o quê?

— Isso. — Anne apontou para a página. — Salve Regina.

— Ah — disse Maddy —, o Salve Regina. É um hino à Maria. É assim. — Ela cantarolou alguns acordes.

Anne ficou surpresa ao ouvir novamente a música que seu pai tanto amava. Ela havia se esquecido do nome, apesar do padre Paul ter mencionado esse título em sua primeira noite.

— Ah, sim, eu gosto dessa música — Anne disse. — O que ela significa?

Maddy pensou por um instante.

— Sabe que eu não sei? É sobre Maria, disso eu sei. *Salve Regina* significa salve-rainha. Mas, quer saber... isso não é engraçado? Não sei muito bem o que o resto do hino significa. — Ela franziu a testa, decepcionada, e riu de novo. — Eu conheço a letra apenas em latim. Em todo caso, é assim que eles encerram seu dia, com essa música. Então, o abade os abençoa e eles vão dormir, e começa o "Grande Silêncio". Eles devem ficar em silêncio até às três e meia.

— E então podem conversar?

— Bem, na verdade, não. Não muito, pelo menos. Não tenho certeza. Eles conversam em vários momentos ao longo do dia, evidentemente, mas eles tentam manter o silêncio, e às vezes usam até gestos para se comunicar.

Anne olhou para os horários dos monges como um todo. Parecia uma maneira assustadora de se viver.

— É muita oração — ela disse —, e trabalho, suponho.

— *Ora et labora* — Maddy disse alegremente.

Anne olhou para ela sem compreender.

— Oração e trabalho.

Maddy olhou para Anne com algo parecido com compaixão.

— Sabe, alguns anos atrás, participei de um retiro aqui após perder meu emprego. Eu não sabia o que deveria fazer. Meu marido e eu precisávamos do meu salário, já que ele recebe uma aposentadoria, e com ela não dá para chegar longe. Após passar alguns meses em casa, eu achava que havia chegado ao fim da linha. E o pior de tudo era que Deus parecia estar completamente ausente. Eu queria dizer: "Onde estás, Deus?" Sabe?

Anne acenou com a cabeça.

— Meu marido viu um anúncio no jornal da paróquia sobre um retiro de fim de semana para mulheres, e ele insistiu tanto que acabei participando. Em todo caso, eu me apaixonei por este lugar. Basta abrir os olhos, não acha? — Ela apontou para a janela, que agora parecia servir como moldura para a igreja do santuário ao pôr do sol sob um céu vermelho. — O abade Paul foi tão gentil durante aquele retiro, e ele me ouviu, ele me ouviu como ninguém jamais me ouvira — nem mesmo meu marido, que eu amo. — Maddy olhou para algum ponto distante. — Eu amo esses rapazes — Maddy disse com voz firme. — Eles me ajudaram muito. E eles também me amam. Pelo menos é o que eu sinto. Não todos, é claro; acho que levo alguns deles à loucura. E francamente, alguns deles também me levam à loucura. Mas, sabe de uma coisa, não é um modo tão ruim de se viver. Orar e trabalhar e amar outras pessoas como amigos e refletir sobre Deus o tempo todo — não é tão ruim assim, não é?

— Não — disse Anne, surpreendendo-se a si mesma. — Não é nada ruim.

15

Padre Paul entrou na casa de hóspedes e abriu um sorriso ao ver Anne.

— Ah, essa é a nova participante do retiro?

— Não, padre — disse Maddy, — ela está aqui para se encontrar com o padre Edward.

— Sim — disse Paul. — Eu estava brincando. Mas talvez não seja uma ideia tão ruim você participar de um dos nossos retiros algum dia.

Anne não sabia o que dizer, por isso, respondeu:

— Talvez... eu acho. — Ela entendeu que as pessoas intrometidas que a observaram antes deviam estar participando de um retiro.

Paul pegou a mão de Anne com suas duas mãos e a cumprimentou.

— O padre Edward me disse que você viria, mas ele não está se sentindo muito bem hoje.

— Algo mais sério?

— Não, não. Apenas a idade. E nesta semana, tivemos que enterrar um de seus bons amigos, o padre George. Ambos iniciaram o noviciado juntos, há mais ou menos cinquenta anos. Isso realmente o afetou. O padre George era o último membro de sua turma de noviciado. O padre Edward está muito agitado por não poder vê-la, mas ele realmente precisa de descanso. Ordens do abade. No entanto, ele pediu que eu cuidasse de você e garantisse que você ficaria bem. Posso pelo menos convidá-la para uma xícara de café?

Anne ficou contrariada por ter feito o longo caminho até aqui. Alguém poderia ter lhe falado que o padre estava doente. *Que desperdício de tempo*, ela pensou. *Por que os monges não podiam ter seus próprios telefones? E se alguém precisasse falar com um deles em uma situação de emergência? Eles realmente dependiam de um bilhete da Maddy que talvez nem chegasse a eles.* A vida no monastério parecia intencionalmente arcaica.

Apesar de tudo isso, ela gostava do padre Edward. E o padre Paul também era uma pessoa agradável. Ele havia sido muito gentil com ela naquele dia no jardim do claustro. Por isso, aceitou o convite.

— E você deveria participar de um dos nossos retiros — Maddy a lembrou.

Anne consentiu educadamente.

— Obrigada por me contar o que os monges fazem durante um dia.

— Ah! — Paul exclamou. — Eu gostaria de ouvir isso também! O que é que nós fazemos aqui, ó Senhora dos Hóspedes?

Maddy soltou uma gargalhada.

— Eu apenas lhe mostrei o *Horarium*, só isso.

Após agradecer à Maddy, Paul guiou Anne pelos corredores da casa de hóspedes. Assim como o prédio principal do monastério, a casa de hóspedes também havia sido construída em torno de um jardim de claustro, mais modesto, mas mesmo assim lindo, repleto de arbustos de rododendros e azaleias. Sobre as portas dos quartos de hóspedes havia pequenas placas ovais que diziam "Santo Inácio", "São Bernardo", "Santa Ana" e vários outros nomes que Anne lembrava ter ouvido na escola dominical. Cada placa, que ostentava também a imagem de um santo, parecia ter sido pintada à mão, porém, há muitos anos; as cores estavam desbotadas e quase transparentes.

— Estes eram os quartos dos participantes dos retiros — Paul explicou, cada um com o nome de um santo. — É mais fácil lembrar-se de nomes do que de números, além do mais, os participantes dos retiros recebem um padroeiro para a duração do seu retiro.

Eles passaram por um corredor estreito e entraram no mosteiro. Enquanto caminhavam pelos longos corredores, o abade continuou explicando.

— Os participantes dos retiros vêm e passam entre três a oito dias conosco. Eles comem num refeitório separado e normalmente se juntam a nós para as orações e para a Missa, é claro. Alguns se levantam para as Laudes, mas a maioria só consegue se levantar para as orações posteriores. E gostamos de recebê-los. A hospitalidade faz parte da nossa vida aqui. O resto do dia pertence a eles, para rezarem, é claro, mas também para estudos espirituais. E eles podem pedir orientação espiritual de um dos monges, se assim o desejarem...

"Esta é a cozinha, como você pode ver, e este é o nosso chef maravilhoso, Christian. Ele é de Paris, acredite ou não. Temos um chef francês! *Bonsoir*, Christian, qual é o cardápio hoje à noite? Sério? Maravilha. Você não se esqueceu da dieta especial do frei James para seu pequeno procedimento amanhã, esqueceu? Obrigado...

"E aqui temos o jardim do claustro, que você pode ver por essas janelas. Ele não é lindo nesse período do ano? Cada estação do ano é adorável aqui, na minha opinião. E aquela porta ali — não, aquela lá — nos leva para a enfermaria, onde ficam os monges doentes. É onde o padre Edward se encontra neste momento, mas rezamos para que não tenha que ficar muito tempo...

"E no fim do corredor se encontra a porta para a igreja, onde você já esteve. Quero que saiba que você é sempre bem-vinda. Pode passar aqui quando quiser e rezar onde você quiser. E esta é a biblioteca, como mostram todos esses livros. Este é o padre Brian, nosso bibliotecário, tentando colocar alguma ordem na caixa de livros que nos foi doada recentemente. E do outro lado dessa porta fica o cemitério, para onde todos nós iremos algum dia. E este é o meu escritório."

Durante sua longa caminhada, eles haviam passado apenas por um punhado de monges, e todos estavam em silêncio. Alguns, porém, saudaram o abade, abaixando a cabeça ao passar por ele. E é claro que não havia barulho vindo de rádios, televisões ou computadores. O silêncio envolveu Anne. Era algo palpável. Como um cobertor.

Paul a levou para o escritório e lhe ofereceu uma das poltronas vermelhas ao lado de uma pequena mesa de centro. Revestido de madeira escura, no escritório do abade havia uma escrivaninha imensa de pinus com uma velha cadeira de escritório, além de duas estantes altas abarrotadas de livros. Várias molduras com fotografias enfeitavam um arquivo de metal.

Numa das paredes, havia um grande crucifixo: o corpo delgado de Jesus em marfim brilhava sobre a cruz rústica de ébano. Sobre a escrivaninha do abade havia uma reprodução grande da imagem de Maria da igreja do santuário. Na mesa do abade, empilhavam-se arquivos e documentos.

— Gosto dessa imagem — disse Anne.

— Ah, sim — respondeu Paul. — O que lhe agrada nela?

Anne se aproximou da escrivaninha do abade e contemplou a imagem.

— Bem... gosto da maneira como Maria olha para mim... — Então, recuperou sua compostura. — Quero dizer, a maneira como ela olha para o espectador. É como se ela não tivesse medo de encarar as pessoas e mostrar a todos o que ela sofreu.

— E o que você acha que ela sofreu?

Anne sabia o que o abade estava fazendo — tentando fazê-la falar sobre suas próprias experiências —, mas ela sentiu gratidão por sua preocupação e aceitou seu convite tácito.

— Ela teve que sofrer muito. — Apesar de ser uma resposta calculada, expressá-la a entristeceu.

— Sim — disse Paul —, ela sofreu muito. — Ele fez uma pausa de alguns segundos, enquanto Anne continuava a olhar a imagem.

— Puxa, esqueci o café! — ele disse de repente. — Como você gosta do seu?

— Surpreenda-me.

Quando Paul saiu do escritório, Anne se acomodou em uma das poltronas e relaxou. Ela contemplou o pôr do sol pela janela. Depois de um minuto, ela se levantou e foi até as estantes e começou a examinar os livros. A maioria consistia de volumes formidáveis sobre Jesus, a Trindade, Maria, a história da igreja, a vida monástica e a oração. Sentindo-se intrometida, voltou sua atenção para as fotos sobre o arquivo.

Havia muitas reproduções de pinturas religiosas — incluindo uma pintura de Salvador Dalí de Jesus flutuando para o céu, que Anne achou meio assustadora. Havia também muitas fotos de um casal idoso, e Anne supôs que se tratava dos pais de Paul — ambos eram altos e usavam óculos. E três fotos mostravam Paul: abraçado e rindo com amigos numa formatura da faculdade, talvez até em sua própria formatura; outra o mostrava como padre ajoelhado diante de um bispo cujas mãos descansavam sobre a cabeça de Paul; e uma última, que mostrava Paul derramando água sobre a cabeça de um bebê. O fotógrafo havia capturado o momento exato do batismo; Anne conseguiu reconhecer as gotas de água individuais que caíam da mão de Paul e que estavam prestes a cair na cabeça pálida e perfeitamente redonda do recém-nascido.

Novamente, a imagem de Maria na parede atraiu sua atenção, e ela a fitou durante um bom tempo. Dessa vez, Maria não parecia estar dizendo: "Eu sei", mas "Eu quero saber."

Maria parecia estar olhando para Anne com a expressão de uma amiga esperando que ela falasse. Como naquela ocasião em que ela foi jantar com Kerry no centro da cidade em seu primeiro dia de trabalho após a morte de Jeremiah. Anne disse que precisava fazer algo para aliviar sua tensão, e Kerry a levou para seu restaurante favorito de comida tailandesa e anunciou que ela pagaria a conta. "Peça o que você quiser."

Uma hora depois, encarando seu terceiro gim-tônica, Anne disse:

— Quer saber? — Ela pretendia dizer que não conseguia se concentrar em seu trabalho. Que ela não sabia o que estava fazendo durante a maior parte do tempo. E que a única coisa em que conseguia pensar, a cada momento de cada dia, era Jeremiah.

Kerry estendeu seu braço, pegou a mão de Anne e a apertou.

— O quê? — disse Kerry.

Quando Anne levantou os olhos de seu drinque, ela viu o rosto amável de Kerry, disposto a ouvir tudo que Anne quisesse dizer. Depois do acidente, Kerry estava disposta a ouvi-la falar sobre dor e tristeza, sobre luto e perda, sobre raiva e medo. Disposta a ouvir qualquer coisa que Anne quisesse dizer. Disposta.

Foi este olhar que ela encontrou no rosto de Maria.

16

Anne estava de costas para a porta, por isso, o padre Paul a surpreendeu ao voltar para o escritório.

— Eu também gosto dessa imagem — ele disse.

— Ah! — Anne havia passado para trás da escrivaninha para examinar o ícone. — Eu não pretendia usurpar seu escritório. Temo que o senhor tenha me flagrado xeretando. Sinto muito.

— Quando entrei no noviciado, senti muita falta da minha família — Paul disse, sentando-se em uma das poltronas.

Ele ofereceu a Anne uma grande xícara branca com café, e ela se acomodou na poltrona em frente a Paul.

— Meu pai havia falecido alguns anos antes, e eu era muito próximo da minha mãe. Contei isso ao meu orientador de noviciado. E sabe o que ele disse?

Anne se preparou para ouvir algo absurdo.

— Meu orientador disse que eu deveria pedir que Maria rezasse por mim e minha mãe.

Anne sorriu.

— Achei que o senhor me diria que ele lhe disse que Maria devesse *ser* sua mãe.

— Eu teria rido na cara dele se ele tivesse dito isso — Paul disse. — Falando nisso, minha mãe teria feito o mesmo.

Anne e Paul conversaram sobre suas mães, que, como descobriram, haviam frequentado a mesma escola no ensino médio. Os pais de ambos haviam se casado na mesma igreja, mesmo que separados por uma década. O povo da Filadélfia não costumava se mudar muito, por isso, esse tipo de coincidências raramente surpreendiam Anne. Mas isso aumentou o afeto que sentia por Paul. Ele era apenas um pouco mais velho do que Anne, por isso, tinham alguns conhecidos em comum, conheciam os mesmos lugares e gostavam das mesmas praias na região costeira de Jersey. Porém, ficou um pouco decepcionada quando descobriu que Paul era um torcedor casual dos Phillies.

— É difícil acompanhar os jogos sem uma TV ou um rádio no meu quarto — Paul explicou.

Quando ela perguntou o que o atraiu inicialmente para o santuário, ele lhe contou sobre sua criação católica e sobre como fora ali para um retiro durante o Ensino Médio e se apaixonara pelo lugar. A ideia de entrar no monastério o acompanhou durante os anos de faculdade. Mas não era o silêncio que o segurava aqui. Havia ainda outra coisa. Algo mais, ele disse.

— É Deus que me segura aqui.

Anne tomou um gole de seu café.

— Caramba. Mark estava certo. Este café é maravilhoso. Vocês o fazem aqui também?

— Não, só a geleia. O frei Robert compra tudo de que precisamos no supermercado.

Anne olhou para sua xícara, tentando decidir se deveria se arriscar a fazer uma pergunta.

— O que o senhor quer dizer quando diz que Deus o segura aqui?

— Bem, eu sei que isso soa meio místico, mas, na verdade, é bem pragmático. Significa que estou feliz aqui.

— Só isso? — Anne perguntou. — Ser feliz basta para mantê-lo aqui?

— Isso... e outras coisas também — disse Paul. — Quando eu tinha 25 anos de idade, senti essa forte atração que a vida monástica exercia sobre mim. Era assim que Deus estava trabalhando na minha vida, por meio dessa atração. Na época, parecia não fazer muito sentido. Quero dizer, ninguém na minha família era monge ou qualquer coisa assim. E os únicos padres que conhecíamos eram aqueles que víamos durante as missas aos domingos. Mas, de certa forma, era a única coisa que fazia sentido para mim. Eu não conseguia me esquecer desse lugar. E quando finalmente vim para cá para iniciar meu noviciado, nunca fui mais feliz. Era a coisa perfeita para mim. O primeiro ano foi simplesmente adorável. Eu gostava da vida na comunidade, da estabilidade e, ah, como eu amava cantar! Depois do noviciado, fiz meus votos e prometi a Deus que eu ficaria aqui. Portanto, você poderia dizer também que o que me segura aqui é que eu prometi a Deus que ficaria aqui. Mas Deus também tem sido muito fiel comigo.

— O que isso quer dizer?

— Isso quer dizer... que Deus me deu a graça de perseverar e ele me deu muita alegria ao longo dos últimos 25 anos. Mais do que eu havia esperado. E de formas que eu jamais havia imaginado. Não é uma vida perfeita. De forma alguma. Temos nossa dose de problemas. E diferentemente das pessoas lá fora, quando você não consegue conviver com alguém, você não pode simplesmente se mudar — nem o outro. Além dos outros votos, fazemos também um voto de estabilidade. A vida não é perfeita. Mas eu diria... é perfeita para mim. Vejo Deus em tudo isso.

Anne voltou a fitar sua xícara. Essa já era a conversa religiosa mais longa que tivera em toda sua vida, com exceção, talvez, das discussões com seus pais quando ela deixou de frequentar a igreja.

— Pois é — ela disse. — Deus não ocupa um lugar muito importante na minha vida neste momento.

Paul pausou.

— Acho que entendo isso.

Anne se calou, alarmada pelo fato de ter se envolvido numa discussão mais profunda sobre religião. Mas ela percebeu também como nascia dentro dela uma curiosidade. Era como se parte dela quisesse falar sobre Deus. Era estranho mas também excitante. Era como discutir um tabu.

— Sabe — disse Paul —, o padre Edward ficou muito transtornado quando soube da morte de seu filho. Creio que não esteja traindo sua confiança se eu lhe disser que ele celebrou uma Missa para o seu filho no dia seguinte.

— Ele fez isso?

Paul disse que sim e a observou atentamente.

— Isso foi muito atencioso — ela disse em voz baixa. — Por favor, diga a ele que eu estou muito grata por isso.

— Espero que você possa dizer isso pessoalmente a ele em breve.

Anne olhou pela janela. A última luz do dia tingia o céu de roxo.

— Posso perguntar-lhe uma coisa?

— Sinta-se à vontade.

— Como o senhor pode acreditar num Deus que permite esse tipo de coisa? — Raiva inundou seu coração e a fez morder seus lábios. Agora que ela havia dito essas palavras, a fúria que experimentou após a morte de Jeremiah retornou.

O fato de seu ódio contra Deus ter se manifestado apenas uma vez após o acidente surpreendia Anne. Ela achava que ficaria com mais raiva de Deus. Por outro lado, talvez isso significasse que ela já não acreditava mais em Deus. Quando entrou na faculdade, ela se afastou da igreja ou, como ela preferia dizer, a igreja se afastou dela. Mulheres proibidas de exercer o sacerdócio? Homilias entediantes? Proibição da pílula? Não, obrigada. Durante seu último ano em Haverford, ela parou de ir à Missa, para o desespero de sua mãe e ainda mais de seu pai. Natal e Páscoa eram a exceção. Seus pais insistiam nessas datas, por isso, ela ia à Missa duas vezes ao ano. Para o bem da paz.

Às vezes, Anne sentia falta de algumas partes. Ela gostava de algumas das músicas que costumavam cantar na escola dominical. Ela as achava confortantes. O rosário que seu pai levava sempre consigo em seu bolso e as estátuas dos santos que sua mãe tinha em seu quarto eram amuletos de um tempo mais seguro de sua vida. Mas o que seu pai via na igreja, ela se perguntava, e por que ele passava tanto tempo com os monges? (A resposta a essa segunda pergunta estava se tornando cada vez mais clara.) Mas em geral, ela estava feliz por ter se livrado de sua fé, que ela considerava um resquício de uma visão infantil do mundo. Vista como um todo, a fé era um peso.

No dia após o funeral de Jeremiah, porém, após seu ex-marido ter se despedido, deixando a casa finalmente vazia pela primeira vez desde o acidente, Anne se trancou no banheiro, soluçando e quase incapaz de respirar. Ajoelhada nas frias lajotas brancas do chão, enfiada entre a pia e a banheira, ela gritou: "Eu te odeio, Deus! Por que você fez isso?" Anne repetiu essa pergunta aos gritos sem parar. Mas quando não recebeu nenhuma resposta, ela se calou. Por fim, ela se levantou, enxugou as lágrimas e limpou seu nariz, se olhou no espelho e disse: "Vá se ferrar".

Ela contou essa história a Paul, sem comoção.

O abade a ouviu atentamente. Então, contemplou os desenhos do leite em seu café e fez uma longa pausa.

— Não há nada de errado quando odiamos Deus em momentos assim — ele disse. — É normal. E Deus aguenta. E se você estiver gritando com Deus, isso significa que você ainda está num relacionamento com ele. Isso é importante.

Anne continuou olhando pela janela, incapaz de voltar seus olhos para Paul.

— Acho que ainda odeio Deus — ela disse em voz baixa. — Eu o odeio por ter tirado meu filho de mim. Às vezes, eu digo... Às vezes, eu digo para mim mesma... — Ela pausou. — O senhor não vai gostar disso.

Paul não respondeu.

— Às vezes, eu digo... que era melhor morrer.

Paul inclinou a cabeça em silêncio. Anne interpretou isso como permissão para continuar.

— Às vezes, penso tanto em Jeremiah que acho impossível continuar a viver. Às vezes, acho que não consigo sobreviver à tristeza. Não sei como descrever, mas é como se eu não conseguisse respirar. Não sabia que era possível sentir tanta... tristeza. E às vezes me sinto como se nada fizesse sentido. Acho que está melhorando. Um pouco. Não está mais tão ruim quanto era.

Ela fez uma pausa.

— Fico pensando em o que eu deveria ter feito para impedi-lo de ir ao cinema naquela noite. Fico relembrando a imagem dele no hospital. Ah, meu Deus! Fico pensando no enterro. E sabe em que mais penso? O que não sai da minha cabeça?

Paul esperou.

— Fico imaginando o que ele estaria fazendo *agora*! — ela disse, em voz cada vez mais alta. — Penso nisso quando vejo seus amigos andando de bicicleta, rindo e jogando beisebol. Recentemente, alguns dos garotos quebraram a janela do Mark com uma bola de beisebol, e Mark ficou tão preocupado com aquilo, e quando ele me contou, sabe o que eu pensei? Sabe o que *pensei*?

Agora, ela estava tentando vencer seus soluços.

— O quê?

Ela gritou:

— Como eu queria que Jeremiah estivesse com eles! O que eu daria para ter a oportunidade de vê-lo fazer algo tão estúpido assim! Jogar bola! Quebrar janelas! Em vez de estar *morto*!

Essa última palavra ecoou pelos corredores do santuário. O rosto de Paul estava pálido, e lágrimas encheram seus olhos.

— Às vezes, eu quero morrer — ela disse. — Quero morrer para por um fim a tudo isso e para, talvez, talvez... estar com ele. Mas não tenho certeza nem mesmo disso.

Paul permitiu que as palavras se espalhassem pela sala.

— Você o amava muito — ele disse.

— Sim — ela respondeu em voz baixa.

Fez-se silêncio entre eles.

— Mais do que eu consigo expressar — ela disse.

— E tenho certeza de que ele a amava.

— Sim.

— Sinto tanto, Anne — ele disse. — Sinto tanto por Jeremiah.

Anne enxugou seus olhos vermelhos com o dorso de sua mão esquerda. Sobre a mesa de centro, havia uma caixa de lenços de papel, que Paul empurrou para perto dela.

— Obrigada.

O sino do santuário marcou a hora.

— Isso é lindo — ela disse, enxugando suas lágrimas. — Deve ser bom viver aqui.

— Sim, é muito bom.

Ele esperou alguns minutos e, por fim, disse:

— Como você acha que Deus a vê neste momento?

Anne olhou para ele, confusa.

— Como poderia saber? — ela disse. — Digo... não faço ideia.

Paul fez uma pequena pausa, olhando fixamente para o tapete oriental. Então, levantou o olhar. Anne viu que ele estava olhando para a imagem de Maria.

— Bem — ele disse. — Nesse caso, como você acha que Maria a vê neste momento?

Anne respirou fundo e olhou para a imagem.

— Ah — ela disse, levantando os ombros. Mais lágrimas encheram seus olhos. — Bem, acho que ela sentiria pena de mim. — Ela tirou outro lenço da caixa. Ela sentiu o olhar de Paul fixado nela. Ele apoiou seus cotovelos nos braços de sua poltrona, dobrou as mãos e fechou os olhos.

— Isso a toca profundamente, não é? — ele disse.

— Sim — ela respondeu em voz baixa e olhou para o céu. Os últimos raios do dia haviam desaparecido, e agora o céu se apresentava numa cor roxa escura. Apenas algumas nuvens eram visíveis. Essa hora do dia sempre a acalmava, como se todo o trabalho duro tivesse terminado.

— É legal refletir sobre isso — ela disse. — Quando você disse aquilo, eu me senti, sei lá, um pouco menos sozinha. Acho que Maria me entenderia... e sentiria pena de mim. Seu filho também morreu. Eu estive pensando sobre isso recentemente. Ela me entenderia. Principalmente se ela era assim. — Ela fez um gesto em direção à pintura na parede de Paul.

— Ela era assim — ele disse. — E é assim. Perto de Jesus até o fim.

— O que foi que o senhor disse?

— Perto de Jesus até o fim — ele repetiu. — É uma citação de uma oração sobre Maria de que eu gosto. Na verdade, acho que isso estava impresso no verso do cartão que lhe dei.

Anne abriu a boca para dizer algo, mas ficou calada.

— Posso lhe perguntar algo? — Paul perguntou.

Anne indicou que sim.

— Se Maria sofre com você, você não acha que seu Filho poderia sentir o mesmo?

Anne nunca havia pensado nos dois juntos dessa forma. Como dois seres humanos que pudessem ter compaixão por alguém.

— E se seu filho sentir o mesmo, você não acha que Deus poderia ter um sentimento igual?

Anne ficou olhando para seu café.

— Não sei — ela respondeu. — O que o senhor acha?

— Deus é misericórdia — ele disse. — Por isso, acredito que Deus esteja olhando para você com o maior amor que você possa imaginar. E o que Deus vê neste instante? Uma mãe amorosa que sente tanta falta de seu filho que não tem nem palavras para expressá-lo. Uma falta maior do que eu possa imaginar. Deus é misericórdia, e ele ama você, Anne. E Deus compreende sua raiva e sua dor, e, de certa forma, Deus ama você ainda mais por causa disso. Deus nos ama mais quando sofremos, assim... assim como *você* amava Jeremiah quando ele estava machucado ou enfrentando dificuldades.

Anne soluçou.

— Meu Deus, eu sinto... tanta falta dele!

— Eu vejo isso. Deus também.

Então, ela enxugou suas lágrimas e olhou diretamente para Paul.

— O que devo fazer com tudo isso?

— Você pode continuar sendo sincera com Deus em relação a tudo isso. Por que não conta a Deus como você se sente?

— Orando? Na verdade, eu não oro.

— Eu acho que sim. Aquela oração que você dirigiu a Deus foi uma boa oração, sabia?

Anne riu, enquanto as lágrimas escorriam pelo seu rosto.

— Quando eu disse: "Eu te odeio"? Meu pai teria ficado horrorizado se tivesse me ouvido dizer algo assim.

— Mas foi sincero. É claro que não podemos dizer isso o tempo todo. Você também não diria isso a um amigo o tempo todo.

Mas foi uma expressão daquilo que você sentia naquele momento — Paul disse. — E Deus quer sua sinceridade. Assim como um bom amigo desejaria que você fosse sincero com ele.

Anne olhou para a imagem de Maria.

— Muitas pessoas acham que não podem ter raiva de Deus — ele continuou, mudando de posição na poltrona. — Mas a raiva é uma parte natural da vida. Mostra que somos humanos. Jesus ficou com raiva. Lembra? Ele se irritava com as pessoas do seu tempo. Ele as chamou de "geração infiel e perversa". Ele ficou furioso com os comerciantes no templo...

— Mas ele era Deus — Anne respondeu.

— Ele também era humano. Por isso, ficava com raiva. Assim como você. Você pode dizer a Deus como se sente. Deus tem lidado com a raiva das pessoas há muito tempo. Você conhece o Salmo 13?

Anne sorriu um pouco.

— Não.

Paul disse:

— Até quando, Senhor?

— Oi?

— "Até quando, Senhor?" É assim que começa o Salmo 13. É o grito de alguém que se sente abandonado por Deus. — Paul se levantou, foi até sua escrivaninha, pegou uma Bíblia surrada, folheou e começou a ler.

Até quando, SENHOR? Para sempre te esquecerás de mim?
Até quando esconderás de mim o teu rosto?
Até quando terei dor em minha alma
e tristeza no coração, dia após dia?
Até quando o meu inimigo triunfará sobre mim?

— Isso é um salmo?

— É. Existe todo um grupo de salmos chamado “salmos de lamentação”. Esses salmos são basicamente de pessoas tristes, enfurecidas ou decepcionadas com Deus. Estão clamando por ajuda. O verso seguinte é realmente poderoso. Nós o cantamos várias vezes ao ano aqui. Algumas traduções dizem: “Considera e responde-me, Deus.” Mas uma tradução diz: “Olhe para mim! Responde-me!”

Anne não sabia o que dizer. Então ficou calada. Ela sentia um vínculo estranho com o autor do salmo.

— “Responde-me” — ela disse. — É exatamente assim que me sinto.

— Por que você não tenta dizer a Deus como se sente?

— Como faria isso?

— Bem, você pode simplesmente imaginar-se conversando com Deus. Às vezes, as pessoas se imaginam na presença de Deus de modo geral. Ou às vezes imaginam Deus sentado numa cadeira ao seu lado.

— Sério?

— Ok — disse Paul. — Tente escrever uma carta para Deus. Talvez você possa escrever seu próprio salmo de lamentação.

— Deus já não sabe o que eu penso?

— Um bom amigo já não sabe o que você pensa? — disse Paul. — Seus amigos não sabiam o que você sentia no funeral de Jeremiah? E você não compartilhou com eles seus sentimentos mesmo assim? Isso faz parte de cada relacionamento.

Anne pensou nas qualidades de ouvinte de Kerry.

O sino do santuário tocou várias vezes.

— Está na hora das Completas — Paul disse. — Você quer se juntar a nós?

— Não, não. — Ela levantou de sua poltrona e olhou para fora, para o céu, onde a lua prateada flutuava sobre a torre da igreja. — Obrigada por seu tempo. O senhor pode dizer ao padre Edward que eu gostaria de vê-lo quando for possível?

— Prometo — Paul disse. Ele abriu a porta de um armário e tirou algo de uma prateleira. — Leve estas — ele disse, entregando-lhe uma caixa com geleias. — Se você ficar com fome escrevendo aquela carta, coma um pouco dessa geleia de mirtilo.

17

O padre Paul estava feliz por ter se encontrado com Anne. Apesar de gostar da vida no santuário, ele prezava também pelas oportunidades de fazer trabalho pastoral. Claro, qualquer tempo que um abade passava com seus confrades — fosse visitando os homens enfermos e idosos na enfermaria, encorajando os noviços em períodos de dificuldades, ou aconselhando os monges na fábrica de geleia em questões administrativas; na verdade, qualquer tempo que ele passava com algum frei no santuário — era, como o lembrou o padre David, um de seus precursores no cargo de abade, trabalho pastoral.

— Você sabe o que quero dizer — disse Paul. — É bom conversar com gente de fora.

— Concordo — disse padre David com voz animada. — Além do mais, conversar com seculares nos lembra de que os monges não são as únicas pessoas no mundo que têm problemas.

Mas era mais do que isso. Paul gostava de ajudar pessoas que não recebiam tantos convites para ver Deus em suas vidas. A vida monástica tornava mais fácil encontrar Deus. Não que ele acreditasse que os monges eram mais santos do que todos os outros.

Na verdade, ele acreditava que, muitas vezes, a realidade era o oposto.

O dia inteiro do monge se organizava em torno da adoração de Deus. "A vida monástica torna difícil esquecer Deus", seu orientador lhe dissera durante o noviciado. Mas as pessoas do lado de fora, às vezes, precisavam lidar com pressões que as levavam a esquecê-Lo. Elas enfrentavam as limitações do tempo. Por isso, Paul acreditava que mães e pais, médicos e advogados, professores e faxineiras — pelo menos muitos deles — eram mais santos do que os monges. Eles precisavam abrir espaço para Deus num mundo que, muitas vezes, Ele simplesmente não tinha lugar.

Essa era outra razão pela qual ele gostava de conversar com os visitantes. Paul reconhecia santidade neles. E ele sempre ficava maravilhado, e não importava quantas vezes ele o via, ao ver como Deus trabalhava com as pessoas de modo tão pessoal e íntimo. Ele podia ver como Deus adaptava sua abordagem às necessidades de cada um. Num caso, Deus podia trabalhar por meio de um relacionamento íntimo; noutro, por meio de um livro; noutro, por meio de uma oração; noutros, por meio de música, da natureza, dança, crianças, colegas de trabalho ou arte.

Paul sabia que isso era graça: ele reconhecia Deus em quase todas as pessoas que encontrava. Como foi também o caso com Anne, que parecia estar sendo atraída para Deus, mesmo que ela ainda não o percebesse. Até mesmo em seu luto, Anne parecia aberta para aquilo que Paul tinha a dizer.

Mark era outra pessoa a quem Paul pôde ajudar, mesmo que de formas pequenas. Quando Mark começou a trabalhar no santuário, ele parecia frustrado e perdido. Às vezes, ele se retraía, ficava reservado, e sua frustração o deixava abatido. Paul se perguntava se a perda de seu emprego no escritório de arquitetura em Boston havia provocado uma leve depressão em Mark.

Com o passar do tempo, Mark se abriu para Paul. Isso costumava acontecer quando os dois estavam a caminho de algum outro lugar. Mark, um homem ativo e, às vezes, até nervoso, raramente pausava o bastante para o tipo de conversa profunda que Paul estava acostumado a ter com os monges. A caminho de uma árvore apodrecida que precisava ser derrubada, de uma goteira num dos dormitórios ou indo para o refeitório, onde precisavam de ajuda para preparar uma festa, Mark compartilhava algo de sua vida com Paul.

As perguntas de Mark normalmente giravam em torno de dois assuntos: trabalho e relacionamentos. Seu azar na vida profissional — sua autoestima havia sofrido um golpe duro com a perda de seu emprego — parecia a preocupação maior de Mark. Mas para Paul, a questão mais profunda dizia respeito à sua solidão. Mark saía com muitas mulheres e, apesar de nunca falar diretamente sobre isso, dormia com muitas. Às vezes, ficava bêbado no centro da cidade e caía na cama de qualquer mulher que tivesse conhecido naquela noite. Paul rezava para que ele pudesse ajudar Mark a reconhecer que qualquer trabalho que ele fazia — seja como arquiteto, carpinteiro ou jardineiro — era valioso aos olhos de Deus. E que a essência da vida era amor e intimidade, e não conquistas sexuais aleatórias, por mais gostoso que o sexo pudesse ser.

— O que você sabe sobre sexo? — Mark perguntou certa tarde.

— Eu nem sempre fui monge, sabia? — Paul respondeu.

— Espertinho!

O abade riu e confessou que, apesar de não ter sido mulherengo, ele havia namorado e se apaixonado duas vezes antes de entrar no monastério.

— E ainda tenho os desejos de um ser humano normal.

Paul achava saudável conversar sobre suas vidas — como homens. Um deles estava à procura de uma esposa, o outro havia jurado castidade, mas, mesmo assim, desejava amar e ser amado. Paul rezava para que Mark conseguisse aprofundar seu respeito por aquilo que fazia e era. Às vezes, ele achava que as aventuras amorosas de Mark serviam para encobrir o fato de que ele não se julgava merecedor de um relacionamento duradouro. Algumas semanas atrás, Mark admitira:

— Às vezes, minha autoestima fica abalada quando uma mulher não quer sair comigo. — Acima de tudo, porém, Paul queria mostrar a Mark que Deus o amava.

Mark tinha também uma visão exageradamente romântica da vida monástica. Após uma discussão acalorada com uma de suas namoradas, Mark disse na manhã seguinte:

— Talvez eu devesse me mudar para cá e simplesmente parar de me preocupar com seres humanos.

Paul disse:

— E quem você acha que vive aqui?

O abade precisava lembrar as pessoas frequentemente que o monastério não era um paraíso.

Descrever a vida no santuário era como descrever um bom casamento: era difícil fazê-lo em poucas palavras. A vida não era perfeita, mas havia inúmeras coisas que ele amava — desde seu primeiro dia como noviço.

A vida monástica, porém, podia ser solitária. Mesmo após ter passado muitos anos no monastério, Paul se surpreendia imaginando como seria a vida se ele tivesse se casado com uma das duas namoradas em seus tempos de faculdade. Uma delas acabara de se divorciar e parecia estar "disponível", mas Paul se perguntava se ela ao menos se lembrava dele. Ele gostava da comunidade, mas ele sentia falta da intimidade do que os monges chamavam de "relacionamento exclusivo". Ele sentia muita falta do sexo e pensava nisso todos os dias. Sua vida pré-monástica havia lhe ensinado os prazeres dessa parte da vida.

E ele sentia uma falta ainda maior de uma pessoa em que ele pudesse confiar, com quem pudesse contar, e que confiasse e se apoiasse nele. Seu orientador no noviciado lhe dissera que o maior desafio da vida religiosa consistia em saber que você nunca seria a pessoa mais importante na vida de outra. Paul sabia e aceitava isso, mas não gostava disso. Às vezes, quando ouvia algum monge se queixar da comida em várias ocasiões, ele pensava: *Eu desisti de uma esposa em troca disso?*

Ele se repreendia quando esses sentimentos surgiam. Depois se repreendia por ter se repreendido. Em tempos assim, recorria a uma citação que ele costumava compartilhar com os noviços. Eram palavras do poeta jesuíta Gerard Manley Hopkins: "Que eu possa ser mais misericordioso com meu próprio coração."

Por mais que Paul quisesse poder ajudar Anne, ele estava um pouco preocupado porque a achava atraente. Durante sua primeira visita, ele se pegou contemplando seus olhos azuis e curtindo um pouco demais a sua conversa.

O abade do santuário dos Santos Felipe e Tiago olhou para o relógio que ele havia recebido de seus pais por ocasião de sua ordenação e se deu conta de que as Vésperas estavam prestes a começar. O sino tocou, e Paul sorriu. Ele gostava da estabilidade confortante da vida monástica. Decidiu fazer uma oração especial para Anne, pedindo que Deus a confortasse em sua tristeza e que ele, Paul, pudesse ajudá-la da melhor maneira possível.

18

"Querido Deus", ela escreveu.

Esta era a quinta tentativa de Anne; várias folhas amassadas na lixeira eram prova disso. Ela se levantou da mesa da cozinha e foi até a janela. De lá, podia ver algumas casas vizinhas, onde as famílias estavam encerrando seu jantar, lavando louças ou assistindo à TV em seus quartos. A casa de Anne estava em silêncio agora. Ela nunca havia imaginado como um único garoto seria capaz de fazer tanto barulho, e sempre brigava com Jeremiah pedindo que ele não batesse as portas, que ele não falasse tão alto ao telefone, que ele não gritasse quando estava em casa com seus amigos, mas agora ela sentia falta da agitação. Gostava do silêncio no monastério, mas o silêncio em sua casa era diferente. No primeiro, o silêncio era resultado de uma presença; no segundo, de uma ausência.

Ela olhou para a imagem de Maria e Jesus na porta da geladeira.

Não tenho certeza se ainda acredito em você, mas quero lhe dizer algo mesmo assim. É o seguinte: não entendo por que ti-

rou o Jeremiah de mim. Por que o tiraste deste mundo. Por que o fizeste morrer da forma como ele morreu. Por que ele morreu e por que os outros garotos sobreviveram. Não que eu quisesse que eles tivessem morrido. Mas eu queria que meu filho estivesse vivo. Jamais entenderei isso. Jamais. Ele era um garoto tão lindo. Quando era pequeno, ele tinha o riso mais doce. Era o som mais lindo que jamais ouvi. Seu pai costumava dizer que deveríamos engarrafar suas risadas e dá-las a pessoas que estivessem tristes, porque aquela risada as curaria. Qualquer coisinha provocava a gargalhada de Jeremiah. Não pude acreditar o quanto o amava quando ele nasceu. Não pude acreditar. Era como se eu tivesse acumulado essa reserva secreta de amor durante todos aqueles anos apenas para ele, e essa represa de amor se abriu no dia de seu nascimento.

Já com um ano de idade, ele era incrivelmente curioso. A partir do momento em que conseguia engatinhar, ele entrava em armários e abria todas as gavetas com suas mãozinhas, porque precisava saber o que se encontrava lá dentro. Certa vez, esqueci de fechar a porta do armário no corredor, e ele conseguiu se levantar e puxar uma cadeirinha de bebê, que caiu em cima dele, e ele simplesmente riu. Ele não tinha medo. Outras crianças teriam chorado. Ele adorava observar o mundo. Quando as pessoas o viam engatinhando pela casa toda, elas diziam: "Espera só até ele aprender a andar!" Seu pai lhe deu uma camiseta com uma estampa que dizia: "Encrenca chegando!"

Mas ele não causava problemas. Era um garoto muito doce. Adorava observar como as formigas entravam e saíam de um buraco no chão, os pássaros no alimentador, e ele passava horas procurando insetos embaixo das pedras no jardim. Gostava também de livros. Todos os meus álbuns e livros dos lugares que Eddie e eu havíamos visitado. "Onde é isso? Onde é isso?" ele costumava per-

guntar. Certa vez, ele me disse que a maneira como ele estudava os mapas era a forma como Deus nos via. Não acredito que acabo de me lembrar disso. Quando ele completou três anos de idade, eu lhe comprei um pequeno globo, e Jeremiah brincava com ele como as outras crianças brincam com uma bola. Durante alguns meses, ele sempre o levava consigo.

Quando seu pai nos deixou, fiquei preocupada com a ausência de um homem em sua vida e achei que não seria capaz de criar um garoto, mas eu consegui, e mais tarde fiquei preocupada que a timidez de Jeremiah o impedisse de fazer amizades. Mas ele estava bem. Algumas crianças ficavam caçoando dele no jardim de infância porque ele gaguejava um pouco, mas no segundo ano do ensino fundamental, o problema havia desaparecido. Todos os professores gostavam dele, porque ele era um doce.

Deus, eu sempre tive medo de que ele se transformaria numa pessoa que eu não conseguisse controlar, principalmente quando cresceu. Que ele me surpreenderia, transformando-se em outra pessoa. Que eu o perderia. Eu conhecia muitos adolescentes sombrios. Mas ele ficou bem. Ele ficou mais do que bem. Era um garoto amável. Eu o amava tanto. Ele não era perfeito. Mas quem é? Eu não sou. Seu pai certamente não é. Mas Jeremiah era um garoto lindo. Lindo. Lindo. Lindo.

Então, quando começou a passar tempo com Brad e os garotos da vizinhança, ele floresceu. Ele adorava brincar com eles, e eu adorava ver como ele se sujava e ria; e mesmo quando Jeremiah se machucava, ele não se importava, porque estava com eles. Eles pareciam não ter medo de nada e ele...

Anne sentiu um aperto no peito e ela queria parar de escrever. Mas ela apagou as duas últimas palavras e encerrou a frase após “medo de nada”, e continuou.

Talvez deveriam ter tido medo. Na noite do acidente, ele implorou que eu o levasse para o cinema. Implorou. "Você não pode nos levar?" Todos os outros pais estavam ocupados. Mas eu não queria que ele assistisse àquele filme. Era violento demais, e já era tarde. Preciso me lembrar disso. A terapeuta me disse isso. Eu estava protegendo meu filho. Eu estava. Eu estava protegendo meu filho porque eu o amava. Preciso me lembrar de que eu não queria levá-lo e de que eu mandei que ficasse em casa porque eu o amava.

Deus, quando a polícia bateu à porta, eu sabia o que havia acontecido. Eu simplesmente sabia. O som foi aterrorizante. Ninguém mais sabe disso. Eu soube no momento em que bateram à porta. Foi um barulho tão alto. Quando abri a porta, já não conseguia respirar mais. Vi os uniformes azuis e ouvi suas vozes, e eu simplesmente gritei. Às vezes, vejo aquela terrível cor azul em meus pesadelos. Sinto-me como se nunca tivesse parado de gritar desde então.

Deus, por que fizeste aquilo? Como pudeste fazer aquilo com meu lindo garoto que amava teu mundo e quem eu amava tanto? Sinto tanto a falta dele, e eu faria qualquer coisa para vê-lo mais uma vez. Para me despedir dele e abraçá-lo e beijá-lo e dizer-lhe o quanto o amo. Não sei se existe um céu, mas quero vê-lo de novo, e não consigo acreditar que nunca mais o verei, portanto, acho que acredito no céu agora.

Anne soltou o lápis. Ao reler sua carta, ela ficou surpresa. Não encontrou na carta a raiva que havia sentido antes. A carta era mais triste do que enfurecida. Falava mais sobre Jeremiah do que sobre Deus. A carta parecia querer contar a Deus tudo sobre Jeremiah. Ela se perguntou se era isso que o padre Paul tivera em mente. Talvez não fosse o tipo de carta que se deveria escrever a Deus. Ela pegou a carta e vasculhou o armário da sala de jantar abarrotado de contas à procura de um envelope. Ela encontrou um no fundo da gaveta. Com cuidado, ela dobrou a carta e a colocou no envelope.

Ela a tirou mais uma vez, porque havia se esquecido de algo. No fim da carta, ela escreveu:

Anne

E agora?

19

A jardinagem era uma das coisas que ajudavam Anne a preservar sua sanidade mental depois do acidente. A lista completa de medidas para a preservação da sanidade mental incluía: jantares com Kerry, que sempre a fazia rir; aulas de ioga em Bryn Mawr, que acalmavam seus fins de semana; telefonemas com sua colega de quarto de Haverford; ir ao trabalho todos os dias, mesmo quando ela não estava muito a fim; e longas caminhadas às margens do rio Wissahickon, especialmente na primavera e no verão.

Mas cuidar do jardim era algo que podia fazer sem sair de casa ou de seu terreno, o que ajudava quando ela não queria ver outras pessoas ou não sentia vontade de dirigir. Mesmo quando se sentia deprimida, ela podia trabalhar ao ar livre. Além disso, gostava de usar o chapéu de palha de sua mãe e as antigas luvas de seu pai, que cheiravam a anos de trabalho. Gostava também de enfiar suas mãos na terra úmida e ter a sensação de que ela estava fazendo algo.

Hoje, pretendia plantar mudas de zínias, cravos, violetas e bocas-de-leão, que estavam em promoção no supermercado. As cores (laranja, amarelo, rosa e roxo) pareciam tão lindas no supermercado que ela pegou o máximo de mudas que conseguiu empilhar em cima de suas compras.

O galpão de ferramentas era uma das poucas coisas deixadas por seu marido que ela usava sem rancor. Eddie havia sido seu namorado desde o Ensino Médio, e apesar de se preocupar já na época com sua preguiça, sua completa falta de ambição após sua formatura na faculdade a surpreendeu. Seu emprego na seguradora lhe rendia um bom salário, mas ele parecia completamente desinteressado em fazer carreira.

O que importunou Anne muito mais era sua completa falta de interesse por Jeremiah. Ela nunca conseguiu descobrir se era uma incapacidade ou falta de vontade. Eddie demonstrou grande entusiasmo durante a gravidez, leu livros e pesquisava em sites sobre como criar um filho e a apoiou tanto quanto qualquer outro pai. Quando Jeremiah nasceu, Eddie estava radiante e ficava horas ao lado do berço olhando para o bebê, comprava camisetas dos Eagles e dos Phillies para ele, enviava fotos para seus parentes e até chegou a levar Jeremiah para o trabalho para apresentá-lo aos amigos.

Mas depois de um ano, ele entendeu que ser pai não se limitava a exibir seu filho, isto é, quando se tratava de trocar fraldas, alimentar o bebê de madrugada e levar Jeremiah para o pediatra quando ele pegava uma de suas frequentes infecções de ouvido, Eddie era basicamente inútil.

— Estou exausto demais. Não aguento mais — ele disse certa vez durante um dos ataques de choro noturnos de Jeremiah.

— E você acha que eu não estou exausta? — ela gritou, tentando superar o choro do bebê.

Eddie amava Jeremiah. Ele simplesmente não queria cuidar dele.

Assim, ela não se surpreendeu tanto quanto seus amigos quando ele decidiu "dar um tempo". Kerry disse à Anne que, se Eddie fosse seu marido, ela o castraria. "Se é que ele é homem", disse Kerry.

Na época, Anne estava tão ocupada cuidando de Jeremiah, trabalhando como contadora e indo à creche que não lhe sobrava energia para pensar em outra coisa senão seu filho. "Estou cansada demais para me irritar", ela disse à Kerry. Ela estava decepcionada. Triste. Mas não com raiva. Nem um pouco. A pessoa que ela acreditara conhecer melhor do que qualquer outra acabou se revelando como alguém que Anne não conhecia de todo.

Quando ele pediu o divórcio, ela não resistiu. Foi simples assim. A pensão não era alta — Anne não havia esperado muito tendo em vista o currículo profissional nada maravilhoso de Eddie —, mas era uma ajuda, especialmente durante os primeiros anos de vida de Jeremiah. Anne se irritou com Eddie apenas anos mais tarde, quando ela se deu conta do tamanho de sua irresponsabilidade.

Quando ela tirou as mudas de cravo de seus potes de plástico, suas raízes se soltaram com um barulho audível. Ela se ajoelhou na margem de seu jardim, abriu um buraco na terra com sua mão, pôs um punhado de fertilizante, jogou um pouco de água e colocou os cravos amarelos e alaranjados na abertura, cobriu o buraco com terra e a bateu. Essa era sua parte favorita no trabalho de jardinagem — apertar a terra. Ela sempre perguntara a sua mãe, a jardineira da família, se ela podia fazer isso durante as plantações anuais da mãe. Anne se sentia como se estivesse protegendo as plantas.

Ela molhou a terra ao redor das flores, borrifou um pouco de água sobre as pétalas, ciente de que não podia exagerar nisso durante o dia. Sua mãe havia lhe explicado muitas vezes que um excesso de água queimaria as pétalas e folhas em dias ensolarados. "Você quer aguá-las, não fritá-las", ela dizia. Anne se lembrou do toque da mão da mãe, ajudando-a a segurar o mesmo velho regador de metal que ela estava usando agora. Qual era sua idade na época? Oito? Nove?

Uma pequena minhoca, desenterrada pelo trabalho de Anne, se revirava no topo de um monte de terra — desorientada, confusa, impotente. Anne sentiu pena da minhoca. Carinhosamente ela a afastou do alcance de sua espátula. Ela se perguntou se deveria enterrá-la embaixo de um punhado de terra ou deixar que a minhoca encontrasse seu caminho de volta para o interior da terra. Ela a deixou. Uma graúna cantava escondida num galho de um pinheiro no jardim de seu vizinho.

Por puro prazer, ela tirou as luvas de seu pai e enterrou seus braços até os cotovelos na terra solta, para sentir o calor da terra.

Em seguida, Anne plantou as zínias e os amores-perfeitos, deixando as bocas-de-leão, suas favoritas, para o fim. Quando era garota e ia de bicicleta para a escola, ela costumava parar num campo perto da escola e observar as bocas-de-leão balançando ao vento, enquanto suas pétalas amarelas e roxas refletiam a luz do sol. Foi essa a lembrança que lhe veio à mente agora. De repente, ela se perguntou se Jeremiah havia herdado seu amor pela natureza da mãe. Por que nunca havia pensado nisso antes?

Ainda de joelhos, ela levantou a cabeça, na mesma altura das flores mais altas. As zínias vermelhas e alaranjadas que plantara na semana passada já haviam criado raízes. Agora, estavam quase na mesma altura como as novas bocas-de-leão rosadas. E um pouco abaixo, os cravos amarelos e laranjas ocupavam quase cada centímetro do jardim. De repente, Anne sentiu um apreço até então desconhecido pela beleza. As cores vívidas das flores na luz do sol de maio parecia uma cena de cartão postal. Anne conseguia ouvir o motor distante de um cortador de grama, mas além disso, reinava o silêncio.

Então teve uma sensação estranha, era como se Deus estivesse apertando o solo em torno de sua vida. Ela se sentiu confortada. Calma.

Ela levantou a cabeça, como que esperando que alguém fosse dizer algo. Mas não havia ninguém além do vento.

Isso era estranho. Enquanto aguava as flores recém-plantadas, Anne sentiu um desejo de falar com o padre Paul sobre esses sentimentos. Então revirou os olhos. *Se você tivesse me dito alguns meses atrás que eu estaria pensando num monastério enquanto trabalhasse no jardim...*

— Ei! — disse uma voz masculina atrás dela.

Ainda de joelhos, Anne se virou e viu as pernas de Mark, bronzeadas e suadas. Ele estava de short de nylon, tênis velhos e uma camiseta desbotada dos Red Sox, e aparentemente havia voltado de uma corrida. Certa vez, Kerry lhe confidenciara o quanto ela achava Mark atraente, e agora Anne teve que concordar. Alguns anos atrás, ela talvez teria cortejado esse homem, mas a diferença de idade a assustava. Kerry discordava: "Vai fundo!"

— Precisa de ajuda? — ele perguntou.

— Não — ela respondeu. — Mas obrigada por perguntar. Estou terminando. — Ela se levantou, sacudiu a terra das mãos e limpou sua bermuda.

— O jardim está lindo. Ei, e como está aquele carro? — ele perguntou.

— Horrível — ela disse com um sorriso. — Mas está funcionando.

— Legal. — Ela viu pelo seu olhar, aquela rápida avaliação de seu rosto, suas pernas e todo o resto, que alguns homens sabiam fazer sem ser rudes ou descarados, que ele gostou do que via nela nessa manhã.

— Ah — ela disse —, já lhe contei que passei pelo seu monastério uns dias atrás?

— Sério? Como isso aconteceu?

— Lembra o monge que meu pai conhecia? O padre Edward? Bem, eu quis vê-lo mais uma vez. Achei que ele ficaria feliz com um pouco de companhia.

— Isso foi muito gentil de sua parte. Vocês tiveram uma conversa agradável? Ele é muito divertido, não é?

— Não, ele estava doente, e eu não pude vê-lo.

— É mesmo, certo — Mark respondeu. — O padre Paul me disse que ele não estava se sentindo bem.

— Então conversei com o padre Paul — ela disse. Mark pareceu um pouco surpreso ao ouvir isso, então ela acrescentou rapidamente: — Quer saber? Você poderia me ajudar com esse saco de fertilizante. Eu distendi um músculo na última aula de ioga e não consigo levantá-lo.

— Isso é meio irônico — ele disse. — Ioga não deveria deixá-la mais flexível?

— E deixa — ela respondeu. — Mas, às vezes, eu exagero um pouco.

Mark levantou o saco pesado com uma única mão. *Exibido*, ela pensou e lhe mostrou o caminho até o galpão de jardinagem. Ele era amável, e ela percebeu o interesse dele, mas não precisava mais disso pelo resto de sua vida.

De alguma forma, ele conseguiu chegar no galpão antes dela. Ela teve que passar seu braço pelo peito dele para abrir a porta.

— Jogue aí na prateleira — ela disse.

— Ei, er... — ele disse ao sair do galpão voltando para a luz do dia, — você gostaria de sair e tomar um drinque comigo um dia desses?

Era legal ter esse tipo de convite, mesmo que viesse de um garotão.

— Ah, sinto muito, não costumo sair com inquilinos.

Seu queixo caiu por um instante e então, recompondo-se, ele voltou a estampar um sorriso — falso, dessa vez:

— Ah, bem, eu não queria dizer sair para namorar, sabe, mais no sentido de...

— Eu sei — ela disse, — eu estava apenas brincando. — Ela virou de costas e começou a caminhar de volta para o jardim para poupá-lo da indignidade de testemunhar sua decepção. — Talvez possamos tomar um drinque algum dia, mas estou bastante ocupada nestes dias. Mas, obrigada.

— Legal. Está precisando de mais ajuda com alguma coisa?

— Não, obrigada. Você já me ajudou muito.

Mark franziu as sobrancelhas, sorriu e levantou a mão num gesto de despedida. Então, partiu rapidamente em direção à calçada, onde continuou sua corrida até chegar em casa.

Bem, isso foi constrangedor. Como sinto falta de sexo, Anne pensou. Nos primeiros meses de seu casamento, ela havia curtido muito fazer amor com Eddie de manhã cedo. Enxugou o suor de sua testa e então catou suas ferramentas de jardinagem.

Mas essas flores. E aquele sentimento estranho de conforto. Talvez não fizesse mal conversar mais uma vez com o padre Paul.

20

Mais tarde naquele mesmo dia, Anne ligou para a casa de hóspedes, conversou com Maddy e marcou um horário para se encontrar com Paul. Maddy lhe disse que o padre Edward já estava se sentindo melhor, mas que ainda não podia receber visitas. "Ordens do abade."

Na segunda-feira, ela levou a geleia até o escritório de Kerry e colocou o vidro em sua escrivaninha.

— Oba — Kerry disse. — E obrigada. A geleia de mirtilo é minha favorita. Minha mãe costumava fazer esses sanduíches maravilhosos com manteiga de amendoim e geleia de mirtilo como merenda na escola. Esses monges fazem uma geleia incrível. Como foi sua visita? Eles a converteram?

Anne riu.

— Bem, já sou católica, portanto, não faria muito sentido se tentassem me converter.

Mais tarde, enquanto comiam sanduíches e tomavam refrigerante na pequena copa do prédio — um escritório vago com quatro mesas, uma pequena geladeira e uma cafeteira que vivia quebrada —, Anne contou à Kerry sobre o tempo que passara com o padre Paul e como ele havia sido gentil com ela. Anne não podia *não* contar para ela, mas temia sua reação. Kerry a repreendeu quando Anne lhe contou sobre seu encontro com Mark no jardim.

— O cara é sexy — ela disse. — No mínimo, você deveria ter aceitado o convite dele.

Anne explicou como ela havia ido visitar o padre Edward e acabou conversando com o abade. Mas não lhe contou sobre a carta que ele pediu que escrevesse.

— O abade? — Kerry perguntou. — É assim que eles chamam seu líder? Acho que faz sentido. É um santuário, não é? É como a mãe abadessa em *A Noviça Rebelde*? Ele seria uma versão masculina da mãe abadessa? Ele canta? Ele a instruiu a escalar todas as montanhas?

Anne riu de novo:

— Creio que *ela* seja uma versão feminina do abade. Acho. Eles cantam, mas não as músicas de Rogers e Hammerstein. É tudo canto gregoriano.

— Bem, isso é legal — disse Kerry. — Que bom que ele a tenha tratado bem. Você merece. Os pastores que eu conheci na minha infância eram legais. A maioria deles. Eu já lhe contei sobre todos aqueles grupos de jovens presbiterianos dos quais meus pais me obrigaram a participar? Eram divertidos. Patinação. Na rua e no gelo. Aparentemente, os presbiterianos fazem muita patinação. Depois, sorvete. Sempre estávamos tomando sorvete. Certo fim de semana, todos nós fomos para uma casa de retiro no mato em algum lugar nos Poconos. Fazíamos jogos e falávamos muito sobre Jesus. E tomávamos sorvete, é claro. Na verdade, foi bem divertido. Mas a igreja não faz mais meu estilo. Que bom que ele a esteja tratando bem. Como ele é?

— O padre Paul? — disse Anne, tomando um gole de sua Coca Zero. — Bem, você sabe. Ele é um padre, um monge, portanto... Não sei. Ele é legal. Ele ouve. Na verdade, eu, bem...

— Você... o quê?

— De certo modo, gosto de ir para lá. É um lugar cheio de paz, sabe? E lindo. E não há nada melhor do que paz e beleza.

— É verdade — disse Kerry. — Apenas tome cuidado. Não quero que você se transforme em algum tipo de religiosa fanática.

Anne colocou a lata de refrigerante na mesa e ergueu sua mão direita.

— Juro solenemente que não me transformarei em religiosa fanática. Que Deus me ajude.

21

— Não sei bem o que fazer com isso — disse Anne, estendendo o braço por cima da mesa de centro e entregando um envelope branco ao padre Paul.

Os dois estavam no escritório do abade após as Vésperas. Os últimos raios de sol passavam pelas folhas do ácer, salpicando o tapete oriental e as poltronas vermelhas em que estavam sentados. Alguns minutos antes na casa de hóspedes, Maddy a surpreendera com um abraço, para então levá-la até o escritório do abade.

Paul examinou o envelope branco. Não havia endereço nem remetente.

— Perdão — ele disse —, mas para quem é isso?

— É a carta a Deus — disse Anne. — O senhor se lembra?

— Ah, sim. Claro — disse Paul. — Como foi a experiência de escrevê-la?

— Bem, na verdade, foi muito bom colocar meus pensamentos no papel — Anne disse. — Na verdade, achei que estaria mais enfurecida, mas não estava. Não sei por que, mas não estava. Estava mais triste do que com raiva. E a carta acabou falando mais sobre Jeremiah do que sobre Deus. — Anne parou. — O senhor gostaria de lê-la?

— Não — disse Paul com um sorriso. — Obrigado. — Ele lhe devolveu o envelope e, então, alisou o escapulário preto que cobria seu manto branco. — É uma carta a Deus, não a mim. Fico feliz por você ter escrito a ele. E tenho certeza de que Deus já ouviu o que você tinha a dizer.

— Bem — ela disse. — Espero que sim. Às vezes, tenho minhas dúvidas em relação a tudo isso. Às vezes, penso que, mesmo se Deus existisse, eu não teria certeza se realmente gostaria de conhecê-lo.

O olhar de Paul parecia convidá-la a continuar.

— Às vezes, acho que eu *gostaria* de acreditar em Deus — ela continuou. — E penso em o quanto meus pais acreditavam e como sua fé os consolava. Mas então penso em como Deus é. Ele tirou meu filho de mim, então, por que eu iria querer acreditar num Deus assim? Parece tão... masoquista.

O rosto do abade mostrava nem surpresa nem repreensão.

— Além disso — ela continuou —, fico imaginando essa pessoa no céu que me julga a cada momento do dia. Vendo tudo que eu faço — todas as vezes que deixei de ir à Missa, todas as vezes em que fiquei com raiva depois da morte de Jeremiah e todas as vezes em que me irritei com meu ex-marido — marcando tudo com um pequeno x: certo ou errado. E então, quando eu chegar ao fim da minha vida, haverá mais "errados" do que "certos", e eu irei para o inferno. Quando eu era pequena, meus pais costumavam dizer: "Podemos não ver tudo que você faz, mas *Deus* vê." Isso me deixava aterrorizada. Então: quem vai querer acreditar num Deus assim? Eu não.

— Eu também não — disse Paul. — Esse não é o Deus em que eu acredito.

Anne apertou os olhos, confusa.

— Veja bem, eu acredito sim que Deus nos julgará no fim das nossas vidas. Jesus afirma isso nos evangelhos. E, afinal de contas, na minha opinião, um Deus que não julga o que fazemos é um Deus que não se importa como vivemos. E quem gostaria de acreditar num Deus que não se importa com a maneira como nós tratamos uns aos outros? Mas, para mim, Deus tem muito mais a ver com misericórdia e amor do que com julgamento e castigo. Vemos isso repetidas vezes nas parábolas de Jesus. Posso fazer-lhe uma pergunta?

Anne indicou que sim.

— Existem semelhanças entre a forma como você via seus pais e a forma como você vê Deus?

Anne refletiu sobre isso por uns instantes.

— Às vezes — Paul continuou, — nossas imagens de Deus têm sua origem na forma como nossos pais nos trataram. Por isso, se nossos pais foram severos e exigentes, muitas vezes transferimos esses mesmos atributos para Deus. Isso acaba influenciando a forma como nós nos relacionamos com Deus. É por isso que estou perguntando.

Anne olhou pela janela e tentou reconhecer o pôr do sol por entre as folhas.

— Sinto vergonha de dizer isso, pois eu amava meus pais e eles eram pessoas maravilhosas, mas...

— Tudo bem — disse Paul. — Não estou dizendo isso para denegrir seus pais, mas para convidá-la a entender melhor seu relacionamento com Deus.

— Preciso reconhecer — ela disse, limpando a garganta, — que meus pais, por mais amorosos que tenham sido, eram bastante exigentes.

— Como assim?

— Bem — ela disse, mudando de posição na poltrona —, eu tinha que assinar uma pequena folha todas as noites. Ela ficava presa na geladeira e, com minha assinatura, eu confirmava que havia cumprido todas as minhas obrigações do dia; eu precisava guardar todos os brinquedos, caso contrário, minha mãe enlouquecia; e eu precisava mostrar minhas tarefas de casa para o papai. E se eu não fizesse tudo isso, eu teria que pagar com o inferno.

— É sério? — perguntou Paul. — Pagar com o inferno? Essa é uma escolha interessante de palavras.

— O que o senhor está sugerindo?

— Deus não é nossos pais — ele disse. — O fato de seus pais terem sido exigentes não significa que Deus é assim. Às vezes, temos uma imagem de Deus que, na verdade, não corresponde a Deus. E ficamos presos a esse Deus. Você está falando sobre o Deus *de Anne*. É o Deus de Anne que é rígido e exigente. O Deus com o qual você não quer ter um relacionamento é o Deus de Anne.

— Não tenho certeza se estou entendendo.

— Estou falando sobre suas imagens de Deus — disse Paul — e como elas influenciam a forma como você se relaciona com Ele. Existem imagens de Deus das quais você goste?

De repente, Anne se lembrou se sua experiência no jardim. Que estranho. Ela veio com a intenção de falar sobre isso com Paul, mas depois esqueceu, e agora ficou feliz por se lembrar novamente. Era a razão pela qual ela estava aqui.

— Na verdade, aconteceu a coisa mais estranha alguns dias atrás.

Paul estendeu sua mão, com a palma virada para cima, como gesto de encorajamento.

— Eu estava no jardim, plantando flores. Algo que adoro fazer. Foi no domingo. Lembra como estava um dia lindo?

Paul acenou com a cabeça.

Ela contou a história — de trabalhar com as plantas, bater a terra, lembrar de sua mãe, a sensação estranha, a sensação incomum de Deus.

— Foi como — ela disse — se Deus estivesse firmando o solo... em minha volta. Algo assim.

Um sorriso tenro apareceu no rosto de Paul.

— Isso lhe parece louco?

— De forma alguma. Parece lindo. Deus é o jardineiro que cuida de você como se você fosse uma flor, que a alimenta, assim como você cuida das plantas em seu jardim. Isso é adorável. É também maravilhoso que você vinculou isso a uma imagem confortante de sua mãe. Você conseguiria aceitar isso como sua imagem de Deus por ora?

— Não sei se entendi...

— Bem — ele disse —, essa imagem pode ser um presente de Deus. Pode ser uma maneira de Deus a convidar a ver as coisas de forma diferente. Quem diz que você deve pensar em Deus apenas como juiz? Quem diz que essa é a única imagem que você deva usar? Existem muitas imagens de Deus. E acredito que Deus acaba de lhe dar uma nova.

Anne olhou para ele, absorvendo suas palavras.

— Engraçado — disse Paul. — Na verdade, é uma imagem comum na vida espiritual. Quando Jesus ressuscita na Páscoa e aparece para Maria Madalena, ela acredita que ele é o jardineiro.

— É — disse Anne. — Eu me lembro dessa história. Sempre achei difícil de entender.

— E é um pouco difícil mesmo. É estranho que Maria não consiga reconhecê-lo depois da Ressurreição. Afinal de contas, não era a primeira vez que ela o via. Mas talvez sua aparência depois da Ressurreição tenha sido... um pouco diferente. Em todo caso, ela acredita que ele é o jardineiro até Jesus a chamar por seu nome. Desde então, existe uma tradição artística de representar Jesus como jardineiro. Existem até pinturas em que Jesus aparece a Maria com ferramentas de jardinagem. É realmente muito lindo.

Anne sentiu que algo dentro dela estava relaxando, entregando-se à voz de Paul. Ela queria ouvir mais e ficou feliz quando ele continuou:

— E há muitas maneiras maravilhosas de refletir sobre isso. De um ponto de vista espiritual. Um dos monges mais velhos aqui costuma dizer que Deus gosta de arar a alma e colocar as coisas em outro lugar, assim como você faz em seu jardim, para que novas coisas possam ser plantadas ali. Você sabe: tirar pedras e arrancar as ervas daninhas para abrir espaço para novas plantas na primavera. Deus costuma fazer o mesmo em nossas vidas, e, às vezes, é um processo difícil e doloroso, mas revirar toda essa terra pode permitir que algo novo crie raízes e floresça.

Anne gostou dessa imagem e sorriu.

Paul perguntou:

— Você já ouviu falar de Santa Teresa de Lisieux?

— Não estou muito atualizada no que diz respeito aos santos...

— Bem, muitas vezes, ela é chamada de Pequena Flor e...

— Ah — disse Anne. — A Pequena Flor? Eu me lembro dela. Meus pais tinham uma imagem dela em seu quarto. No entanto, não sei muito sobre ela. Qual é sua história?

— Bem, Teresa de Lisieux era uma freira carmelita do final do século XIX, que vivia numa pequena cidade na França chamada — você já deve ter adivinhado — Lisieux. Ela perdeu sua mãe quando era muito nova, talvez aos três ou quatro anos. Seu pai a adorava, e suas irmãs a mimavam. Ela vivia num monastério enclausurado, de forma que nada saberíamos de sua existência a partir do momento em que entrou lá. Mas ela escreveu essa linda autobiografia, e é simplesmente magnífica. Bem, há nela uma passagem sobre como Deus nos vê, como se nós fôssemos o jardim de Deus e... Um minuto.

Paul foi até sua estante e tirou um livro de bolso desgastado. Ele folheou as páginas.

— Aqui está.

Ele se sentou e leu uma passagem que, como Anne pôde ver, estava sublinhada com tinta azul:

Entendi como todas as flores que Deus criou são lindas, como o esplendor da rosa e a brancura dos lírios em nada diminuem o perfume da pequena violeta ou a simplicidade da margarida. Entendi que, se todas as flores quisessem ser rosas, a natureza perderia sua beleza de primavera, e os campos não seriam mais cobertos de pequenas flores campestres. O mesmo vale para o mundo das almas, o jardim de Jesus. (...) Ele criou almas menores, e estas precisam se contentar com sua existência como margaridas ou violetas, destinadas a alegrar os olhos de Deus quando Ele olha para os seus pés. A perfeição consiste em fazer sua vontade, em ser o que Ele quer que nós sejamos.

— Isso é lindo — disse Anne.

— Portanto, a imagem de você no jardim de Deus está alinhada com algumas imagens dos santos. Mas a questão é esta, Anne: é uma imagem que Deus deu a *você*. De onde você acha que veio essa imagem?

— Não sei. De minha imaginação?

— Sim, isso é verdade. Mas você poderia dizer também que Deus plantou essa semente em sua imaginação, pronta para florescer quando você estivesse pronta. É assim que Deus se comunica conosco — de formas muito pessoais.

Anne se reclinou. A ideia de que Deus era algo, ou alguém, ou alguma coisa que se comunicava com ela era nova para ela. Algo novo e inquietante.

— É muita coisa para absorver.

Paul esperou.

— Mas é lindo.

— Deus quer estar num relacionamento conosco — Paul disse. — E Deus quer estar num relacionamento com *você*. E o primeiro passo nesse relacionamento é confiar que isso seja verdade. Como em qualquer relacionamento. Significa também reconhecer que esse tipo de experiência é a forma como Deus inicia uma conversa. E este lhe parece um Deus que julga?

— Não — ela disse —, na verdade, não.

— Na verdade — ele disse —, se você pensar nas imagens de Deus que Jesus usa nos evangelhos, elas representam muito mais do que um Deus que apenas julga. Sim, Jesus fala sobre o Juízo Final, mas ele fala muito mais sobre um Deus misericordioso e compassivo.

— Por exemplo?

— A história do filho pródigo, por exemplo, em que o filho foge de casa, gasta toda a sua herança e depois retorna para casa. A maioria das pessoas sabe que o pai o aceita de volta. Mas o que esquecem, às vezes, é que o filho nem mesmo pediu perdão ainda. Na história, o filho decide pedir perdão, mas o pai corre para abraçá-lo antes de o filho abrir a boca. Essa é uma das minhas imagens favoritas de Deus. Ele julga — sim, o pai não aprova o que o filho fez —, mas acima de tudo, o pai o abraça, ele perdoa e ele ama.

Anne olhou para o abade.

— Ou pense na mulher que perdeu uma moeda. Você conhece a história?

— Perdão, mas parece que estou pisando em terras desconhecidas.

— Não faz mal — ele disse. — Não é uma história tão conhecida. Jesus disse que Deus é como a mulher que perde uma moeda e varre a casa inteira para encontrá-la. Isso demonstra o quanto Deus deseja nos encontrar. É como a parábola da ovelha perdida, em que Deus é como um pastor que deixa para trás o rebanho inteiro para encontrar uma única ovelha perdida. São imagens de um Deus que está constantemente à nossa procura. E este é o Deus que está convidando você neste instante para...

— Para o quê?

— Para um relacionamento.

Anne encostou na poltrona e olhou pela janela para as nuvens rosadas e alaranjadas. Ela sentiu uma mistura estranha de medo, curiosidade e alegria. Principalmente curiosidade. Porque ela não tinha como negar o que havia experimentado no jardim. Aquilo aconteceu. E não podia negar que as palavras do padre Paul a atraíam. Era verdade. Ela também gostou dessas imagens de Deus. Mas a ideia de Deus se comunicando com ela era estranha. E assustadora. Anne não queria se transformar em algum tipo de religiosa fanática e dizer às pessoas que Deus falava com ela.

— Tudo bem — ela disse. — O que, então, devo fazer?

— Por que não deixar que Deus seja Deus e continue a falar com você da forma como Ele quiser? E deixe que Deus faça isso, não o Deus de Anne, não suas imagens antigas de Deus, mas *Deus*. E talvez você queira responder algo a Deus quando isso acontecer. — Ele sorriu. — Talvez você queira Lhe entregar essa carta.

O sino do monastério tocou.

— Eu voltarei imediatamente depois das Completas — ele disse, levantando-se e alisando seu hábito. — A não ser que você queira se juntar a nós.

— Ainda não — ela disse. — Quero dizer: não, obrigada.

22

Durante as Completas, Anne ficou sentada no escritório do padre Paul, observando o pôr do sol por entre as folhas escuras do ácer e ouvindo o canto dos monges ecoando pelos corredores do santuário. Ela estava esperando pelo *Salve Regina*. Quando os monges começaram a cantar o hino de seu pai, ela se levantou da poltrona e saiu até o corredor para ouvir melhor. Encostada contra a parede fria, sentiu um tipo de apoio. Como se algo a segurasse. Então, o grande sino tocou novamente, sinalizando o fim da oração. Quando ela ouviu os monges se levantando de seus assentos na capela, voltou para o escritório.

Quando os monges passaram pelo escritório do abade, alguns distraídos olharam para o interior da sala e, quando a viram, voltaram seus olhares bruscamente de volta para o chão.

O padre Edward passou, agarrado a um andador de metal, e olhou para dentro do escritório.

— Annie! — ele disse com um sorriso. — Ah, sinto tanto por não ter visto você naquele dia! Estou tão feliz em revê-la. Estive rezando por você.

A forma como as palavras foram saltando de sua boca comoveu Anne. O único outro ser que a cumprimentava com tanta alegria era Sunshine, que nem mesmo era uma pessoa. E isso só acontecia na hora das refeições.

Com muito esforço, o padre Edward entrou no escritório do abade. Um tanto desengonçada, Anne se curvou sobre o andador adornado por um rosário e beijou o rosto enrugado do velho monge. O padre Edward corou.

— Ah, que benção poder revê-la — ele repetiu. — Você veio conversar com o padre Paul?

— Bem, sim — ela disse. — Eu queria dar uma passadinha hoje à noite e vê-lo também. O senhor está melhor?

— Ah, sim, sim. Foi apenas uma pequena bronquite, graças a Deus. Hoje em dia, demoro um pouco mais para me recuperar.

Quando o abade voltou, o padre Edward começou a se erguer.

— Padre, por favor — Paul disse, — não se levante. Poupe suas energias.

De repente, Anne se sentiu desconfortável. *Como cheguei a esse ponto de estar conversando com dois monges num monastério?* Ela imaginou Kerry fazendo gracejos sobre essa cena. Um sorriso apareceu em seus lábios, mas ela o suprimiu. Então, pensou em seu pai e o quanto ele teria se alegrado em vê-la aqui.

— Você acha que conseguiria me fazer uma visita após encerrar sua conversa com o padre abade?

— Com certeza — ela disse.

— Tenho sua permissão? — ele perguntou ao abade.

— É claro que sim — disse Paul.

O padre Edward saiu do escritório.

Quando estava fora do alcance de suas vozes, Anne perguntou:

— Ele realmente está bem?

— Sim, fico feliz em poder dizer que sim — Paul respondeu. — Ele está morrendo, é claro, mas...

Anne arregalou os olhos:

— *O quê?*

— Perdão — ele disse. — É o que costumamos dizer por aqui. O que quero dizer é que *todos* nós estamos morrendo. Todos nós avançamos em direção da morte. Mas, sim, o padre Edward está bem. Apenas as dores normais da vida humana. Um dos nossos abades costumava dizer que, em vez de vermos nossos corpos como algo permanente e nos irritarmos quando algo quebra, faz mais sentido vermos nossos corpos como algo temporário e sempre frágil. Da mesma forma como você não espera que suas calças durem para sempre, você também não deveria esperar isso do seu corpo. No fim, ambos ficam amassados e furados e começam a se desfazer. Então, quando as coisas começam a piorar, isso não nos assusta tanto. É algo que esperamos.

— Isso não facilita o processo de envelhecer — Anne disse.

— Não, não facilita. Mas o transforma em algo mais... esperado. De alguma forma isso sempre me ajudou — ele disse, levantando os ombros.

Anne não queria se envolver numa discussão sobre a idade, e ela ainda queria visitar o padre Edward e voltar para casa num horário aceitável, por isso, foi direto ao ponto.

— Como, então, o senhor sugere que eu entregue a carta a Deus? Seria melhor eu ligar? Vocês têm uma linha direta aqui?

Paul riu.

— Essa é boa! Não, não temos uma linha direta aqui. Mas você poderia dizer que se trata de uma ligação local. Deus já a ouviu, é claro, mas por que não colocamos sua carta na frente da imagem da Nossa Senhora de que você tanto gosta? Temos ali uma pequena cesta para pedidos, que os visitantes gostam de usar. O que você acha da ideia? Você pode fazer isso após sua visita ao padre Edward.

O velho padre estava acomodado temporariamente na enfermaria, e quando o padre Paul a acompanhou até lá, ela percebeu partes do santuário que havia ignorado até então. A familiaridade lhe permitiu um olhar novo.

Ela gostava da ordem em que tudo estava. Tudo parecia estar em seu lugar, bem diferentemente de sua casa — onde caixas e livros e roupas e documentos e arquivos se espalhavam por toda parte. Aqui, todos os mantos brancos estavam pendurados em seus cabides, todas as panelas balançavam em seus ganchos na cozinha e todos os livros de oração vermelhos descansavam em suas estantes. A simplicidade do prédio também lhe agradava. Era grande, sem dúvida alguma, mas de alguma forma a arquitetura, com suas linhas claras e a quase total falta de ornamentos, espelhava a austeridade dos homens que viviam aqui. Os monges andavam próximos às paredes de tijolo quando passavam por ela, não no meio do corredor, como gesto de reverência aos espaços nos corredores amplos e uns aos outros. Ela gostava da aparência do jardim do claustro ao pôr do sol. Os galhos finos dos cornisos e das cerejeiras balançavam levemente na brisa de verão.

A razão de seu pai gostar de ir ali foi se tornando cada vez mais nítida. De forma repentina e inesperada, ela sentiu um forte impulso de amor por ele.

No quarto de enfermaria do padre Edward havia poucos móveis: uma cama de hospital, uma pequena pia de porcelana, uma poltrona antiga em que ele agora estava sentado, e uma velha escrivaninha com marcas de desgaste em alguns lugares. Uma série de frascos de remédio sobre um criado mudo exalavam uma aura sombria ao lado de uma moldura com a imagem de uma santa em um hábito branco e marrom que segurava um buquê de rosas. Quando o padre Paul se sentou na cama do padre Edward, e Anne se acomodou em uma cadeira de madeira de aparência instável, o velho monge começou a falar sobre os pais de Anne.

Seu pai começou a ir para o santuário após participar de um retiro de fim de semana para homens patrocinado por sua paróquia. No último dia do retiro, o abade perguntou se algum dos participantes era contador e, caso positivo, se ele estaria disposto a ajudar o monastério a resolver um problema um tanto complicado. O padre Edward disse que a experiência e perícia de seu pai salvaram o monastério numa época difícil. O contador anterior não havia sido exatamente "inescrupuloso" (Anne não havia ouvido essa palavra havia um bom tempo), mas não havia "colaborado". Aparentemente, o contador antigo não só brigava com o abade de vez em quando mas também não pagava as contas do santuário dentro do prazo. O pai de Anne, por sua vez, foi uma "benção" para o santuário e devoto aos monges.

— Sua chegada foi um grande alívio para o abade. Ele pôde ficar mais tranquilo em relação ao dinheiro e se concentrar em outras coisas.

A mãe de Anne também participou dos retiros para mulheres no santuário, algo que surpreendeu Anne. O padre Edward disse que não sabia por que ela deixou de ir ao monastério, mas, com base nas datas que o velho padre mencionou, Anne pôde deduzir que seu nascimento havia deixado sua mãe com menos tempo livre.

Tomar conhecimento da religiosidade de seus pais e de sua relação com o santuário foi confortante e inquietante ao mesmo tempo. Era estranho ouvir histórias sobre seu pai e sua mãe deste monge velho, que, de certa forma, os conhecia melhor do que ela. E foi estranho imaginar seus pais como religiosos não só no sentido de obedecer a um conjunto de regras, mas como religiosos no sentido daquilo que Anne estava começando a entender sobre a oração. Seus pais, cuja espiritualidade ela sempre rejeitara como superficial e, às vezes, até ingênua, começavam a parecer mais profundos do que ela.

— Ah, e veja — o padre Edward disse. Ele pegou uma Bíblia do criado mudo e tirou uma fotografia antiga dela. — Veja o que encontrei!

Com mãos trêmulas, ele entregou a Anne uma fotografia desbotada de sua mãe em um vestido florido, de seu pai em um terno marrom e do padre Edward jovem numa alva branca e estola dourada derramando água sobre a cabeça de um bebê numa igreja.

— Esta é você.

Anne olhou para a fotografia de seu batismo. Ela nunca havia visto essa foto antes. Seus pais não tinham muitos álbuns de foto ou vídeos caseiros. A mãe de Anne tinha um álbum de casamento com capa de couro e algumas fotos da família, que ela guardava numa caixa em baixo da cama. Mais tarde, quando vendeu a casa dos pais, Anne simplesmente se esqueceu de procurar pelas fotos. Ela se perguntou se as havia jogado fora, juntamente com tudo que ela considerara lixo.

— O abade da época me deu uma permissão especial para sair do monastério e batizá-la. Tudo por causa da nossa gratidão pelo seu pai. Veja como você era pequena, Annie — ele disse, apontando seu dedo torto para o bebê nos braços de sua mãe. — Eles estavam tão felizes naquele dia.

— Anne sentiu um aperto na garganta.

— Eu me senti muito orgulhoso por poder recebê-la na igreja — ele disse.

Com certa formalidade, ele entregou a foto à Anne e perguntou se ele poderia abençoá-la. Ela olhou para o padre Paul, que revidou seu olhar sem palavras.

Quando ele acenou com a cabeça, o padre Edward pediu que ela se aproximasse. Anne se levantou e ficou de pé ao lado da poltrona, sem saber o que fazer, e ele sorriu.

— Aproxime-se, querida. — Quando ela se curvou, ele segurou sua cabeça entre suas mãos trêmulas e ficou em silêncio. Depois, sussurrou: — Amém.

Após se despedirem, o padre Paul acompanhou Anne até a igreja do santuário.

— Fique o tempo que você quiser — ele disse. — E volte sempre que quiser. — Então, o padre Paul a deixou sozinha.

Agora, a igreja estava escura. A única fonte de luz era uma lâmpada de bronze perto do altar. Pelas janelas azuis entrava uma luz muito fraca, de modo que até mesmo durante o dia o interior da igreja permanecia às sombras. Anne foi até a pesada mesa de madeira que sustentava a imagem de Maria, que parecia estar olhando diretamente para Anne.

Agora, a expressão de Maria parecia mais compassiva. Era curioso como a mesma imagem podia parecer tão diferente após você se familiarizar com ela.

Sobre a mesa, aos pés da pintura, havia uma cesta de vime com dezenas de cartas. A maioria havia sido colocada em envelopes, mas outras haviam sido escritas em folhas soltas. Ela leu algumas delas:

Maria, reza para que o câncer do meu pai seja curado.

Dá-me um filho, Deus.

Por favor, Deus, se for a tua vontade, deixa-me encontrar um emprego.

Deus, não aguento mais tanta solidão.

Obrigado por tuas orações, Maria.

Anne não sabia o que pensar sobre essas preces. De um lado, elas a comoviam. De outro, elas lhe pareciam supersticiosas. Por que pedir algo a Maria, se você podia fazer seus pedidos diretamente a Deus? Parecia um passo desnecessário.

Anne se perguntou se fazia sentido colocar uma carta a Deus numa cesta posicionada na frente de uma imagem de Maria. Então, ela olhou para o rosto de Maria e decidiu que este lugar servia tão bem quanto qualquer outro. Ela enfiou sua carta entre os outros muitos pedidos, deu alguns passos para trás e disse em silêncio:

— Bem, Maria, se você estiver aí, por favor, entregue esta carta a Deus. — Ela estava aliviada por não ter dito isso em voz alta, pois temia que poderia ter sido embaraçoso. Mas, em silêncio, parecia fazer sentido.

Não vendo ninguém por perto, ela se sentou em um banco na seção dos visitantes. Queria sentar-se mais perto, nas baias dos monges, mais próxima à imagem de Maria, ou até mesmo no chão, mas ela se preocupou com o que aconteceria se alguém a visse. O velho banco rangeu quando ela se sentou, e depois a capela caiu em silêncio. Do lado de fora, os grilos cantavam. Pela primeira vez desde a morte de Jeremiah, Anne tentou formular uma oração. Vencendo sua resistência, repetiu o título de um livro que ela lera no início do ensino médio. Ela não sabia como começar sua oração de outra forma.

— Está aí, Deus? — ela disse em silêncio. — Sou eu, a Annie.

23

Mark olhou para o gramado imenso e soltou um suspiro. Era possível que o terreno do santuário houvesse crescido desde a última vez que ele cortara a grama? Parecia que sim. Após um dia inteiro cortando a grama, o que acontecia duas vezes por mês, Mark voltaria para casa, tomaria um banho e iria correr para então tomar outro banho e se livrar do cheiro de grama impregnado em seu corpo. E, mesmo assim, ao fechar os olhos para dormir, tudo que ele via era grama e tudo que cheirava era grama.

Hoje, sob um boné suado dos Red Sox, ele se xingou por ter feito uma tentativa de cortejar Anne no fim de semana.

— Que droga! — ele gritou tentando superar o barulho do gigantesco cortador de grama do santuário. Pois quem iria ouvi-lo? Às vezes, ele parecia ser dominado pela sua libido. Pior ainda: ele se sentia envergonhado quando uma mulher o rejeitava. Sentia-se tolo, envergonhado e menosprezado em seus próprios olhos. "Desmasculinizado", uma palavra que ele havia lido recentemente numa biografia que não conseguira terminar de ler. Mark não sabia o que isso deveria significar exatamente e estava cansado demais para pesquisar seu sentido num dicionário, mas sabia que era exatamente assim que ele se sentia.

Havia sido assim desde o início do Ensino Médio. Quando uma mulher respondia aos seus avanços e eles acabavam saindo juntos ou namorando, ele se sentia bem, e essas vibrações positivas afetavam tudo que fazia: seu trabalho, suas interações com amigos, até mesmo suas corridas. Era como se ele corresse mais rápido quando sua vida romântica estava indo bem.

Mark deu meia volta com o cortador de grama e, lá do fundo do vale, contemplou a vista da igreja do santuário no cume da colina. Os dias em que Mark se sentia frustrado ou irritado — como hoje, graças à sua interação com Anne — eram ótimos para trabalhos físicos.

Trabalhar com as mãos lhe ajudava a não pensar muito. Até iniciar sua faculdade de arquitetura, Mark sempre teve empregos que exigiam trabalho braçal. Quando adolescente, ele cortava grama e até iniciou uma pequena empresa de jardinagem com três colegas do Ensino Médio. Enquanto o cortador de grama tremia e trabalhava, ele pensou em quantos gramados de seus vizinhos conseguiria cortar com esse monstro.

Na Northeastern, enquanto tentava decidir o foco de seus estudos, ele conseguiu um emprego com um carpinteiro de meia-idade em Cambridge. Mike, um amigo do seu pai, tinha uma empresa bem-sucedida que restaurava casas antigas em Cape Cod e nas cidades ricas da Costa Sul como Hingham e Cohasset. No início de seu aprendizado, Mark pôde fazer apenas trabalhos mais simples, como medir e lixar madeira, mas no verão de seu primeiro ano na faculdade, Mike lhe confiou um trabalho que o deixou muito orgulhoso: três estantes idênticas para uma biblioteca de um lar elegante que estava sendo renovado em Cape. Os proprietários, um casal de professores aposentados de Harvard, disseram que a biblioteca era a parte favorita de sua casa.

Certa noite, Mark contou aos pais o quanto ele se orgulhava de ter construído as estantes sozinho, e seu pai o elogiou, mas o lembrou: "Foi o Mike que lhe ensinou, não foi?"

Mark começou a enfrentar a colina, a parte mais difícil do gramado do santuário. Às vezes, ele temia que o cortador de grama pudesse tombar, apesar de isso nunca ter acontecido, e o frei Robert lhe dissera que, se o frei Thomas era capaz de fazê-lo, Mark também seria. Aparentemente, o frei Thomas era muito desajeitado no manuseio de máquinas. Dez anos atrás, ele havia destruído dois carros do monastério. Então o abade o fez prometer que sempre pedisse alguém para dirigir em seu lugar. "Isso é um voto?", perguntou o frei Thomas. "Até onde me consta, sim", respondeu o abade.

Ao contemplar o galpão de ferramentas, que precisava de uma pintura nova, Mark se deu conta de que ele havia feito poucos trabalhos de carpintaria para o monastério. No início de seu emprego, havia feito duas estantes de pinheiro para o depósito da fábrica de geleia, mas desde então não havia sido chamado para fazer outros trabalhos desse tipo. E durante as últimas semanas, seu trabalho havia se limitado a rebocar e pintar paredes. Os construtores haviam erigido o santuário apenas para que ela apresentasse alguma infiltração a cada semana? Para um prédio de aparência tão sólida, o monastério não era nada robusto. "Os construtores originais tiveram que fazer algumas economias. As doações não eram tão grandes quanto o arcebispo havia esperado", o padre Paul reconheceu certa vez.

Mark estava ficando frustrado porque suas esperanças de fazer mais trabalhos de carpintaria no santuário não haviam se cumprido. Ele fechou seus olhos rapidamente quando se lembrou de seu sonho, que agora lhe parecia tolo, de se tornar um carpinteiro local de certa fama, cujo trabalho no santuário atraísse muitos visitantes. *O famoso carpinteiro do santuário*, ele pensou e distorceu o rosto.

Conduzindo seu cortador de grama pelo terreno acidentado, Mark enfrentou um demônio persistente: a vida de seu amigo Dave. Casado com uma mulher maravilhosa, com um bom emprego na Filadélfia e um segundo filho a caminho, Dave parecia ter tudo que Mark desejava, e Mark sentiu vergonha ao perceber que o invejava. Ele odiava esse sentimento. No entanto, não havia nada que ele pudesse fazer para combatê-lo. Agora, queria ter escolhido outro emprego depois da faculdade. Queria ter dado ouvidos às pessoas que o aconselharam a não abrir demais a boca. Queria ter mantido o relacionamento com sua namorada de longa data, em vez de ir a tantas festas, que ela sempre odiava tanto. Queria ter...

Certa vez, o padre Paul o aconselhou a pensar no passado dessa forma. "Isso não o leva a lugar algum", ele lhe disse. No entanto, Mark continuava tendo dificuldades de seguir o conselho, e ele se irritava com o fato de que isso o irritava.

Mark dirigiu o cortador de grama até o alto da colina, para perto da igreja do santuário e da casa de hóspedes, quando ouviu que a máquina estava tentando cortar pedras que haviam sido lançadas do estacionamento para a grama. Ele ouviu um estalo alto, quando as lâminas do cortador atiraram uma pedra contra um carro estacionado ali.

— Maldição! — ele gritou. Ele balançou a cabeça em desespero, esperando ao mesmo tempo que ninguém houvesse visto aquilo.

— Belo tiro! — gritou o padre Paul, que estava sob o pórtico da igreja.

Maravilha. Mark desligou a máquina. O grande cortador de grama diminuiu a velocidade e finalmente parou. Ele desceu.

— Como está o nosso diretor da planta física hoje? — perguntou o padre Paul, atravessando o gramado. A grama cortada ficou grudada em seu hábito trapista.

— Uma merda — Mark disse.

Paul apertou os lábios, o que Mark interpretou como repúdio à sua linguagem.

— O que está acontecendo? — perguntou o abade.

— Ah, só um monte de besteira. Sabe, às vezes não sei o que estou fazendo aqui.

— Bem, neste instante, creio que esteja cortando a grama.

Mark não sabia dizer se isso era para ser engraçado ou profundo. Para ele, não era um nem outro. E só o deixou mais irritado ainda.

— Ai, Cristo — ele suspirou.

— Você sabe — disse Paul, — não sou fã desse linguajar.

Mark se assustou.

— Sim, eu sei. Perdão. Eu, bem...

— O que está acontecendo?

Mark respirou fundo e tentou se lembrar de que Paul costumava dar bons conselhos.

— Quanto tempo você tem?

— Tenho uma reunião na fábrica de geleia em alguns minutos, mas até lá sou todo seu.

— Eu fiz algo estúpido — ele disse, fechando os olhos e balançando a cabeça. — Recentemente, tentei chamar uma pessoa para sair e ela me rejeitou. Não sei por que, mas isso me irrita muito, e, sinceramente, me levou a questionar o que estou fazendo com minha vida.

— Isso é um salto enorme, de ser rejeitado por uma mulher para questionar a vida inteira.

Mark olhou por cima dos ombros do padre Paul para uma massa escura de pinheiros.

— Sim, eu sei. Não é isso. Bem, na verdade é. Não sei. Acho que não sei bem como fui parar onde estou agora.

Mark não tinha certeza se deveria compartilhar tudo isso com Paul, e então percebeu que não conseguiria guardar tudo para si mesmo e que, talvez, não tivesse outra chance de compartilhar tudo com o abade. Ele não podia conversar sobre isso com seu amigo Dave.

— O que quero dizer é: tenho um diploma em arquitetura, e sou realmente grato por esse emprego aqui, padre Paul, não me entenda errado, e sinto muito por essa linguagem que usei, mas eu queria ter uma vida mais segura, mais certa, mais abastada ou como você preferir chamar isso, e eu realmente gostaria de estar casado com uma mulher que eu amo. Eu sei que você me dirá que isso é ganância, ou algo assim. É errado querer tudo isso?

— Não — disse Paul. — Não há nada de errado com isso. Estou feliz por você gostar daqui. Você faz seu trabalho muito bem, sabia? Somos gratos por sua presença. Mas não há nada de errado em querer algo diferente.

— Eu sei que isso vai parecer estranho, sabe, talvez seja essa coisa com... — Ele começou a dizer o nome dela, mas depois pensou melhor. — Essa coisa com essa mulher que me rejeitou... mas acho que, sei lá, sinto vergonha por aquilo que estou fazendo aqui. Você entende? Fico frustrado quando esse tipo de coisa acontece, e isso acaba me deixando confuso em relação a outras coisas também. Tenho amigos, e a vida está correndo tão bem para eles, como é o caso desse amigo meu, e aqui estou...

Mark olhou para a grama. De repente, sentiu uma pedra enorme de sentimentos em sua garganta, e seus olhos começaram a se encher de lágrimas, o que o surpreendeu, mas o deixou ainda mais irritado.

— Aqui estou eu cortando grama. É como se esse emprego fosse apenas... o trabalho de um diarista, e eu me pergunto se eu...

— Se você o quê?

— Eu me pergunto se ficarei preso aqui cortando grama e sendo um maldito diarista durante o resto da minha vida. Francamente, não sei nem o que estou sentindo no momento. Estou apenas irritado. Tudo parece emperrado no momento.

— Você aceitaria um conselho?

— Pode falar.

— Bem, primeiro tente separar os fios daquilo que está o perturbando e tente não misturar tudo — disse Paul. — O mero fato do relacionamento com essa mulher não ter dado certo não significa que toda a sua vida seja um caos. Sugiro que evite termos universais como "Tudo está uma droga".

— Eu sei — disse Mark, olhando para a grama cortada grudada em seus tênis gastos. A visão de seus sapatos velhos de repente o fez sentir-se pobre. E envergonhado. — Você já me disse isso antes, e eu tento evitar isso. Acho que estou mais frustrado com meu emprego. Sinto-me como se não estivesse no lugar em que deveria estar. Às vezes, parece... — Mark enxugou o suor em seu rosto com a manga de sua camiseta surrada. Ao fazê-lo, enxugou também as lágrimas, que ele tentou esconder de Paul. — Parece... um emprego abaixo de mim. — Mark sentiu vergonha no momento em que o disse.

— Eu sei que já lhe disse que Jesus era carpinteiro, mas eu já lhe contei todas as outras coisas que Jesus provavelmente fez? A palavra que os autores dos evangelhos usam para a ocupação de Jesus é *tekton*.

— Perdão, mas como é que é? — Mark perguntou, olhando diretamente para Paul. Ele estava prestes a ouvir um sermão?

— *Tekton* — repetiu Paul. — É a palavra grega que os evangelhos usam para descrever a profissão de Jesus. A maioria das pessoas acredita que Jesus era carpinteiro, mas muitos estudiosos dizem que essa palavra significa não só carpinteiro, mas artesão que trabalha com madeira, ou uma pessoa que trabalha em construções, ou até mesmo um simples diarista. Jesus fez muito mais do que apenas produzir portas e mesas. É provável que tenha ajudado a construir casas e muros de pedra e coisas assim. — Paul sorriu. — Se ele estivesse na Terra agora, muito provavelmente estaria dirigindo um cortador de grama.

— Se eu fosse Jesus, eu estalaria os dedos, e esta grama estaria cortada.

— Talvez você fizesse isso, talvez não. Jesus realmente trabalhou. Quando viveu em Nazaré, ele não estalou os dedos para fazer uma mesa. Ele a construiu. As pessoas em Nazaré não o conheciam como milagreiro, mas como carpinteiro. Aposto que ele era muito bom em que fazia. E duvido que ele tinha escolha. São José já tinha uma carpintaria, por isso, Jesus era praticamente obrigado a assumir os negócios da família e seguir os passos de José. Mas você tem uma escolha, Mark.

— Eu sei — disse Mark, chutando uma pedra para longe do gramado. — Aparentemente, porém, não estou fazendo as escolhas certas.

— Quais são suas escolhas?

— Acho que não entendi.

— O que você realmente gostaria de fazer com sua vida?

Mark respirou fundo. Ele olhou para Paul rapidamente, depois contemplou as linhas claras da igreja do santuário e como ela se erguia perfeitamente no cume da colina, como se aquele lugar tivesse sido criado para a igreja; e a igreja, para aquele lugar. Ele se lembrou de ter lido que Frank Lloyd Wright insistia, de forma quase obstinada, que um prédio se erguesse quase que naturalmente da paisagem. Ele olhou para as portas vermelhas da igreja e para os bancos de pinheiro sob os arcos de pedra. Então se lembrou daquelas estantes em Cape.

— Se eu pudesse ser um carpinteiro — ele disse —, eu seria um bom carpinteiro.

— Por quê?

— Na faculdade, o que eu mais adorava fazer eram aquelas maquetes, que todos os outros odiavam fazer. Todo o resto me parecia bobo. Todas aquelas aparências que a arquitetura valoriza tanto, qual escritório de arquitetura era o mais famoso, quem ganhava os maiores prêmios em arquitetura, e blá, blá, blá. O que eu mais gostava era construir, *fazer*, você entende? Na metade da faculdade, comecei a me perguntar se eu não havia nascido para a carpintaria. Certa vez, fiz aquelas estantes para uma casa maravilhosa em Cape, e não consegui parar de olhar para elas. — Mark olhou para Paul e disse: — Eu gosto de criar algo, sabe? É uma sensação boa. Não sei explicar melhor. Mas não sei se consigo ganhar a vida com isso.

— É do que você gosta — disse Paul. — O que há de errado com isso? Por que não fazer o que você gosta? E quem se importa com o que os outros estão fazendo? Por que não esquecer todas as aparências, como você mesmo disse? Por que não esquecer todas as comparações e todas as expectativas em relação ao que supostamente está abaixo de você? Francamente, é isso que tentamos fazer aqui — livrar-nos das coisas para chegarmos ao que realmente fomos chamados para ser. É como retirar uma camada de tinta antiga de uma mesa para descobrir a madeira original. E normalmente o que encontramos por baixo de tudo é mais lindo do que jamais imaginamos.

Mark ainda estava irritado por ter cortejado Anne, mas essa conversa o ajudou a se acalmar e a mudar sua perspectiva. Ele percebeu como sua respiração estava mais lenta e como seus músculos estavam mais relaxados, ali na brisa da grama cortada pela metade. Já menos envergonhado, ele levantou sua camiseta e enxugou seus olhos.

— Deixe-me ver se nós podemos lhe dar a chance de fazer mais trabalhos de carpintaria ou outros trabalhos um pouco mais criativos — disse o abade.

— Puxa. Isso é muito legal. — Ele sentiu vontade de apertar a mão de Paul, e foi o que fez.

— Espero que você consiga reconhecer que seu desejo de ser um carpinteiro pode vir de Deus. Pode ser sua vocação. Você é bom nisso. E nesse caso, você pode ganhar o suficiente fazendo esse trabalho. Por que não confiar em seu desejo?

— Obrigado — Mark disse. Ele voltou para o cortador de grama e se sentou nele, ligou o motor e disse: — Algum conselho em relação às mulheres?

— Bem — respondeu Paul, cruzando seus braços —, você sabe o que Jesus disse.

— Não! — disse Mark, curioso para descobrir o que Jesus tinha a dizer sobre a vida romântica.

Com um estrondo, o motor do cortador de grama veio à vida.

— No mar há muitos peixes! — gritou Paul, tentando superar o barulho do motor.

— Jesus não disse isso! — respondeu Mark gritando.

— Não! — gritou Paul, no volume máximo de sua voz. — Mas deveria ter dito!

24

Enquanto Anne lavava a louça depois de jantar as sobras de um salmão após ir a um restaurante com Kerry, ela pensou na oração que fizera na capela alguns dias atrás. "Está aí, Deus? Sou eu, a Annie." Ela se surpreendeu ao perceber que havia usado o nome que o padre Edward ainda usava, como se ela tivesse voltado para um lugar que havia conhecido muito tempo atrás ou para uma pessoa que, um dia, ela havia sido.

Ela olhou por sobre seu ombro para a fotografia de seu batismo. A foto que o padre Edward lhe dera estava pendurada na porta da geladeira branca, fixada com ímãs dos Phillies. Ela se lembrou do batismo de Jeremiah, realizado contra sua vontade, por respeito aos seus pais, naquilo que supostamente era a igreja de sua paróquia, apesar de nunca ter pisado naquele lugar antes. "Qual é a sua paróquia?" Sua mãe lhe perguntara poucos dias após o nascimento de Jeremiah, recebendo apenas um olhar confuso como resposta. Eddie não se importava. "Não me incomoda se o padre o borrifar com um pouquinho de água", ele disse quando o assunto foi mencionado.

Durante o funeral de Jeremiah, porém, houve um momento em que Anne sentiu gratidão pelo fato de ele ter sido batizado. Na véspera do funeral, ela teve uma reunião com o padre da paróquia local. O padre gentil, nascido na Nigéria, conversou muito com ela, mas Anne se esqueceu de quase tudo que ele disse, pois não conseguia se concentrar. Mas um comentário deixou uma marca nela.

"Nós colocamos um pano sobre o caixão quando ele entra na igreja", ele explicou com um forte sotaque, enquanto estavam sentados em seu escritório. "Você sabe o que isso simboliza?"

Ela balançou a cabeça, incapaz de seguir suas palavras, tão tomada de luto ela estava. "É chamado de mortalha", ele explicou.

Anne não sabia como pudera não reconhecer essa palavra. *Uma mortalha foi lançada sobre ele*, ela pensou. Como leitora ávida, deve ter lido variações dessa expressão dezenas de vezes em romances. Em inglês, a mortalha representa também as roupas brancas que as crianças vestem no batismo. Ela não se lembrava exatamente da aparência do padre, e o pano que a funerária usou tinha quase o tamanho de uma toalha de mesa. Mas o simbolismo a deixou impressionada. O momento em que a mortalha foi posta sobre o caixão de Jeremiah após ele ser carregado para dentro da igreja foi quando Anne mais chorou. No funeral de Jeremiah, ela pensou em seu batismo.

Sua oração na capela do santuário algumas noites atrás a deixara confusa. Ela gostou dela, mas não sabia se aquilo podia ser chamado de oração. Após se apresentar a Deus, ela esperou. E esperou mais um pouco. O que deveria acontecer? Deveria dizer algo mais? Deveria ouvir vozes? Queria que o padre Paul estivesse ali com ela para ajudar-lhe.

Assim, apenas ficou sentada com os olhos fechados. Estava tão escuro na capela que ela não pôde ver a imagem de Maria que ela amava, mas imaginou que fechar os olhos era a coisa certa a se fazer durante uma oração.

Quase que imediatamente ela pensou em todas as coisas que teria que fazer nos próximos dias, e ela sentiu como seu pulso acelerou. A auditoria em que ela e Kerry estavam trabalhando era mais complexa do que elas haviam imaginado quando começaram a trabalhar no projeto. Os documentos financeiros do cliente estavam um caos. Ela apertou os olhos e fez uma careta.

Ah, como queria ter mais tempo livre! *Ora et labora?* Não foi isso que Maddy lhe dissera sobre a ocupação dos monges? Isso significava "oração e trabalho"? Ou significava "descanso e trabalho"? Em todo caso, o que ela queria em sua vida era mais descanso. Mas o que faria com seu tempo livre? Gastar mais tempo pensando em Jeremiah? Talvez fosse melhor trabalhar ainda mais para não ficar pensando no passado. Por outro lado, se tivesse mais tempo livre, ela poderia trabalhar no jardim...

Então, Anne se lembrou da imagem de Deus como jardineiro, aquela sobre a qual conversara com o padre Paul. Ele dissera que era uma imagem boa, então ela imaginou que não fazia mal pensar sobre isso.

Anne se lembrou do dia em seu jardim, quando ela se ajoelhou na beira do canteiro e percebeu as cores intensas das flores: o vermelho, o rosa, o laranja. Tudo isso lhe veio à mente. O calor do sol em sua nuca. Suas mãos na terra úmida. Então, ela se imaginou de volta no jardim. Ela voltou a sentir a calma e relaxou. Parecia que algo como conforto se espalhava dentro dela.

Então aconteceu algo estranho. Ela não tinha certeza se aquilo era apenas fruto de sua imaginação, mas, de forma natural e inesperada, lhe veio à mente uma imagem de Jesus caminhando num jardim.

Anos atrás, sua professora da escola dominical ensinou à turma a música *Morning Has Broken*, de Cat Stevens. Anne se lembrou do som entusiasmado da sala inteira cantando com sua professora. E havia um verso que ela amava mais do que todas as outras naquela música. Ela ainda lembrava cada palavra: *Praise for the sweetness of the wet garden, sprung in completeness where his feet pass* (Louve pela doçura do jardim úmido, que floresce em abundância por onde passam os seus pés). Quando menina, Anne imaginava Jesus caminhando sobre a terra árida e deixando flores em seus rastros. Ela sabia que, provavelmente, isso não aconteceu, mas foi disso que se lembrou sentada naquela capela.

Ela gostava de pensar nessa imagem, e em sua mente imaginou os cravos de cor laranja e amarela nas pegadas de Jesus. As cores eram tão fortes que quase conseguia sentir seu gosto: suco de laranja fresco e uma bala de limão.

Então, de repente, veio-lhe outra imagem. Jesus estava caminhando do seu lado num lindo jardim. Ele estava usando as luvas de seu pai e o chapéu de sua mãe. Que imagem mais estranha. Parecia que eles estavam próximos do túmulo do qual Ele ressuscitara no domingo de Páscoa. Parecia, mas ela não tinha certeza. Mas estava feliz por estar com Ele, e já que Paul lhe dissera que não havia nada de errado com a primeira imagem, Anne se permitiu pensar nessa também: Jesus caminhando com ela.

Anne respirou fundo, relaxou mais ainda, e refletiu sobre isso durante muito tempo. Um minuto passou. Então, sentiu o desejo de falar com Ele.

Por que não?, pensou ela.

Anne disse: *Sinto falta dele*.

Ela manteve os olhos fechados e esperou.

Então, em sua imaginação, ele lhe disse: *Eu sei*.

Ela não pôde acreditar. Parecia algo natural Ele dizer aquilo, como se tivesse esperado muito tempo por uma oportunidade de dizer isso para ela. Não era uma visão ou algo parecido. E ela certamente não o ouviu dizer aquilo — como o ranger do banco quando ela se mexia. Não, era como se ela tivesse pensado naquilo espontaneamente, como num devaneio ou uma imagem que surgia em sua mente quando lia um romance. Jesus disse de forma calma, como se aquilo o deixasse triste. Sua voz se parecia um pouco com a do padre Paul e um pouco com a de seu pai. E também um pouco como a de sua mãe. Calma.

Ela se assustou um pouco, por isso, abriu os olhos para recuperar sua segurança. Ainda estava na capela, que continuava escura, quieta e vazia. Quando Anne voltou a fechar os olhos, ela refletiu sobre o que acabara de acontecer e se perguntou se aquilo era real, ou se fazia qualquer sentido, ou se era simplesmente loucura. Era confortante mas também perturbador, por isso, voltou a abrir os olhos.

Anne acariciou com sua mão direita a madeira lisa do banco em sua frente e se perguntou quantas pessoas já haviam vindo para este lugar em busca de respostas. Ela esfregou a madeira do banco algumas vezes, depois se levantou, tirou as chaves do carro de seu bolso e saiu da igreja.

Agora, ao se lembrar daqueles momentos na capela, seus olhos se encheram de lágrimas. O que significava tudo isso? Com suas mãos submersas na água com sabão, Anne se virou para olhar para a fotografia de seu batismo na geladeira e viu suas roupas brancas, a mesma cor que Jesus vestira no jardim.

Então, ouviu um forte estalo: um bastão acertando uma bola de beisebol.

Eram quase sete e meia. O mês de junho já havia chegado, e os garotos brincavam de beisebol na vizinhança. O timbre grave das vozes que passavam pela janela fechada a surpreendeu. Quando Jeremiah morreu, sua voz estava começando a mudar. Esses seus colegas haviam continuado em sua jornada em direção à idade adulta.

Uma figura solitária atravessou seu jardim correndo, catou a bola perdida e gritou para seus colegas no jardim vizinho:

— A gente se vê! — Ele atravessou o jardim de Anne de cabeça curvada, em direção à sua casa. Rapidamente, Anne abriu a janela acima da pia e gritou:

— Brad!

Brad congelou e olhou para a casa de Anne como se fosse uma coisa viva e perigosa. Vaga-lumes voavam em volta dele na escuridão, e os grilos cantavam. Parado ali, ele se lembrou da encrenca em que se metera quando jogou água naquela mesma janela após Jeremiah o desafiar. Eles não sabiam que a janela estava aberta, e Brad acabou molhando todo o chão da cozinha. Anne ficou furiosa, mas Jeremiah não conseguiu parar de rir, nem mesmo quando sua mãe saiu correndo da casa para brigar com eles.

— Um minuto, Brad — Anne disse lá da janela. E desapareceu de vista.

Brad se lembrou daquela noite. Na verdade, ele nunca se esqueceu dela.

Era uma noite abafada igual a de hoje. Após um longo dia à toa (jogando videogames, deixando marcas de freio com a bicicleta na calçada e tocando fogo em pilhas de folhas secas com uma lupa), Brad, Jeremiah e Gary quiseram assistir àquele filme, que estreava naquela noite. Brad pediu que seus pais os levassem, mas eles se recusaram. Como o fez também a mãe de Jeremiah. Ela não queria que Jeremiah visse o filme. Então, Brad convenceu os dois amigos a irem de bicicleta até Germantown Pike, algo que lhes era proibido por causa do trânsito intenso.

"Bebezão!", ele gritou para Jeremiah, que tinha medo de andar de bicicleta perto da autoestrada.

Brad se lembrava de tudo. Eles já estavam atrasados e precisavam atravessar a estrada rapidamente. Gary e Brad atravessaram as quatro pistas facilmente, rindo enquanto desviavam suas bicicletas dos carros.

"Vai logo!", ele e Gary gritaram para Jeremiah, desafiando-o a atravessar a estrada. "Deixa de ser um bebezão!" Eles lhe deram as costas.

Brad se lembrava exatamente como colocou seu pé direito no pedal, pronto para jogar todo seu peso nele para impulsionar a bicicleta, quando ouviu a batida, que soava como se alguém tivesse batido em outro carro. Quando se virou, seu pé direito ainda sobre o pedal, ele viu alguém jogado na estrada e uma bicicleta na margem da estrada. Carros freavam em ambos os lados da estrada, e quando Brad alcançou a cena, o motorista do carro já estava ajoelhado ao lado de alguém. Quando viu que era seu melhor amigo, ele vomitou.

Em lágrimas, uma hora mais tarde, depois das ambulâncias, da polícia e das perguntas, Brad contou aos seus pais, mas a nenhuma outra pessoa, o que ele havia feito. Seus pais lhe disseram inúmeras vezes que a culpa não era sua, mas ele sabia que isso não era verdade. Ele havia decidido ir. Ele havia convencido Jeremiah. Ele havia o desafiado a atravessar a estrada. Ele sabia. A culpa era sua.

Brad contou para ninguém o quanto ele pensava em Jeremiah. Nem a Gary, nem aos pais, nem aos professores, nem a qualquer amigo na escola. Nem mesmo ao psicólogo que a escola contratou para ajudar a lidar com o acidente.

Depois do funeral, ele se sentou num galho de uma macieira silvestre em seu jardim, onde ninguém podia vê-lo. Ele chorou tanto que quase se engasgou.

Ele pensava muito em J. É assim que eles se chamavam: B e J. Apenas os dois se chamavam assim, ninguém mais usava esses apelidos, e apenas eles sabiam que não significava "Bê" e "Jota". E também não havia um ponto após seus nomes, como contaram a Anne. Não era B. e J. Apenas B e J.

Ninguém sabia disso: ele pensava em J todos os dias. Quanto jogava beisebol, ele pensava em J, porque ele havia ensinado J a segurar o bastão corretamente. ("Como é que você pode não saber disso, cara?", ele disse quando viu pela primeira vez a postura estranha de J. O rosto de J ficou vermelho, e Brad, arrependendo-se imediatamente de suas palavras, ajudou seu amigo a arrumar a posição das mãos no bastão.) Quando mudava de canal na TV e se deparava com seu desenho favorito, ele pensava em J. Eles costumavam assistir ao desenho aos sábados de manhã com tigelas de cereais em seus colos, caindo do sofá de tanto rir, até a mãe de J desligar a TV. Agora, Brad achava o mesmo desenho sem graça, mas às vezes assistia secretamente. Era como estar com J mais uma vez, por um momento. Quando passava pela parada de ônibus que eles usavam para ver quem cuspia mais longe, ele pensava em J. Ele não sabia se era estranho pensar em alguém que havia morrido três anos atrás, por isso, não contava para ninguém.

Brad olhou para a casa aterrorizado. J ainda tinha treze anos de idade para ele. Certa vez, perguntou ao pai se J ainda teria treze anos quando o encontrasse de novo no céu. Ou será que J cresceria com ele? Ou será que Brad voltaria a ter treze anos para que J o reconhecesse?

A mãe de J abriu a porta. Ela estava segurando algo ao lado dela. Brad ficou tenso. Ele havia evitado um encontro a sós com ela durante três anos. Ela iria gritar com ele? Quando ela se aproximou, Brad percebeu que os grilos haviam parado de cantar.

— Como você está, Brad? — ela disse com um sorriso.

— Bem — ele disse com voz baixa.

Ela quase não conseguia ver seu rosto na escuridão, mas o tom de sua voz provocou uma tristeza profunda nela. Quando ele a olhou, o fez com uma expressão ou de medo ou de desconforto — ela não sabia dizer. Anne ficou surpresa ao ver pelos no rosto de Brad, e ela se deu conta de que Jeremiah provavelmente seria igual a ele. Brad já era mais alto do que Anne. Imagine só.

— Ouvi dizer que você já dirige — Anne disse.

Brad abriu um sorriso fraco.

— Pois é. Tirei minha carteira uns dias atrás. É legal poder dirigir. Eu queria...

Ele parou. Um vaga-lume posou em sua camiseta e piscou sua luz uma vez.

— Eu queria poder contar para o J — ele disse, parecendo tão surpreso por dizê-lo quanto ela ficou ao ouvi-lo.

— Você foi um bom amigo para ele — ela disse.

Brad olhou para o chão. Anne percebeu que ele não estava se sentindo à vontade e que queria fugir dessa conversa.

— Sinto sua falta — ele disse, lutando contra as lágrimas. Então disse: — Penso muito nele.

— Eu também.

O vaga-lume iluminou sua camiseta.

— Sabe — disse Anne. — Acho que nunca lhe disse o que Jeremiah disse sobre você alguns dias antes do acidente. Ele disse que você era a pessoa mais legal que ele conheceu em toda sua vida. Acho isso um elogio maravilhoso.

Brad fixou seu olhar em seus tênis.

— É...

— Por isso, eu queria lhe dar isso — ela disse, estendendo uma luva de beisebol com a letra "J" inscrita no polegar.

Brad guardou a bola de beisebol em seu bolso, limpou sua mão em suas bermudas e pegou a luva em silêncio. Então, a vestiu.

— Obrigado — ele disse. Olhando para a luva de J, seu sorriso desapareceu, sua cabeça se curvou, seus lábios se apertaram ao ponto de ficarem brancos, e ele começou a chorar. Brad não fez nenhum barulho, mas no silêncio Anne ouviu como as lágrimas caíam em sua camiseta. Anne o agarrou antes de ele poder dizer qualquer coisa e o abraçou. Ela percebeu como ele era alto e se perguntou se Jeremiah já teria a altura de seu pai. A pergunta a fez fechar seus olhos.

Ela pensou que ia chorar, mas se sentiu calma. Após alguns momentos, ela o soltou, pois sabia o bastante sobre garotos adolescentes para saber que, provavelmente, ele não estava se sentindo muito à vontade.

— Obrigado... pela luva — ele disse, cabisbaixo.

— Obrigada por ter sido um amigo tão maravilhoso para J.

Ela sorriu, deu meia volta e caminhou de volta para sua casa.

Quando ela fechou a porta, Brad permaneceu no jardim, enxugou suas lágrimas com sua mão direita e limpou seu nariz com a camiseta. Ele olhou para a casa de J. Então, abriu e fechou sua mão dentro da luva, encostou seu rosto no couro antigo e respirou fundo. A luva tinha o cheiro de seu passado.

25

— Você tem sido uma grande ajuda para Annie — disse o padre Edward ao padre Paul, que estava feliz em ver o velho padre fora da ala de enfermaria e de volta em seu quarto.

Paul estava sentado em uma cadeira de madeira no quarto de Edward, onde estava pedindo algum conselho. Paul costumava recorrer frequentemente ao seu antigo diretor de noviciado quando precisava de orientação.

Ao longo dos 25 anos desde o noviciado de Paul, Edward havia mudado. Todos os seus antigos noviços confirmavam isso. Como diretor de noviciado, Edward havia sido um homem formidável: austero, rígido e até mesmo duro. Mas a idade e um câncer dez anos atrás o deixaram mais manso. Agora, a comunidade o tinha como homem alegre, relaxado e, às vezes, até brincalhão. Graças à idade, à experiência e aos efeitos da graça, Edward era o homem mais livre que Paul conhecera.

— Obrigado — disse Paul. — Às vezes, nem sei como devo me aproximar da Anne. Tenho aconselhado pessoas em luto, é claro, mas elas não costumam duvidar tanto de Deus. Por isso, sinto-me deslocado às vezes. Recentemente, sugeri que fizesse uma contemplação imaginativa e se imaginasse conversando com Deus, e você deveria ter visto a expressão em seu rosto. Como você sabe, é um equilíbrio delicado. Não quero impor-lhe uma fé que não seja natural para ela. Ao mesmo tempo, Deus está realmente trabalhando nela. Por isso, rezo apenas que eu possa lhe dar a liberdade e ajudar-lhe a reconhecer o convite de Deus.

— Bem, lembre-se — disse o velho padre. — Espiritualidade é como espaguete.

Paul tentou conter seu sorriso. Ele havia ouvido essa analogia muitas vezes durante o noviciado, mas ele permitiu que seu velho diretor de noviciado a explicasse mais uma vez.

— Quando minha mãe, que ela descanse em paz, preparava espaguete, ela costumava jogar alguns fios de pasta contra a parede da cozinha. Quando ficavam grudados, ela dizia que estavam no ponto. É o mesmo na vida espiritual. Nem toda homilia ou ajuda que você ofereça ficará grudada. Muito depende do ponto em que a pessoa se encontra, se ela está aberta para ouvir o que você tem a dizer e se é a hora certa para ela ouvir aquilo. Num dia, você diz algo que lhe parece profundo, e a pessoa simplesmente ignora. Alguns meses mais tarde, você diz a mesma coisa, e ela começa a chorar. Quem sabe? Em outras palavras: muito depende da graça. Talvez tudo.

Paul concordou. Ele já havia feito homilias e aconselhado monges em número suficiente para saber que a observação mais improvisada podia parecer ao ouvinte como a coisa mais sábia já dita e que palavras que Paul acreditava ser úteis podiam deixar um monge num estado ainda mais confuso do que aquele em que se encontrava antes de entrar no escritório do abade.

— Obrigado — ele disse. — É uma benção poder conversar com Anne. E eu não violarei o sigilo, mas tem sido maravilhoso ver como vocês dois se reencontraram. Imagine só: você a batizou há muito tempo.

— É uma benção também para mim — disse Edward. — Eu sempre me perguntei o que havia acontecido com ela. E tem sido uma graça lembrar meus dias, bem, mais ativos. — Levantando-se com grande esforço de sua poltrona, ele foi até sua estante.

O padre Edward tinha mais lembranças do que a maioria dos monges em P&J, e tecnicamente as celas dos monges não deveriam estar abarrotadas de posses, mas Paul concedia uma margem maior aos monges mais velhos.

— Seus pais eram maravilhosos — ele disse, enquanto mexia numa caixa de sapatos em sua estante. — Simplesmente maravilhosos.

Ele tirou uma foto desbotada da caixa de sapatos e a entregou ao abade. A imagem mostrava um homem sorridente de cabelos grisalhos sentado à escrivaninha do abade. Ele vestia uma camisa branca, com as mangas enroladas e uma gravata afrouxada. Cercado por pilhas de papel e uma velha calculadora, ele parecia estar estudando as finanças do monastério. Paul sorriu ao perceber que os móveis no escritório do abade continuavam exatamente os mesmos.

— Que coisa — disse Paul. — O pai dela?

— É... — disse Edward. — E um bom amigo meu.

Edward encontrou outra fotografia, que mostrava um casal jovem com uma pequena criança do lado de fora da igreja do santuário. A mãe, olhando diretamente para a câmera, segurava a criança em seus braços, que estendia sua mão para se agarrar a três dedos da mão do pai.

— Esta é a mãe de Annie, é claro. Uma mulher muito doce. Formavam um ótimo casal. Sua mãe tinha um coração enorme e era também adorável, como você pode ver — disse Edward. — E Annie é igualmente adorável, na minha opinião.

Paul se lembrou de sua aparência em uma de suas visitas: bronzeada e em boa forma, de blusa branca e calça cáqui que ressaltavam seu corpo esbelto. Ocasionalmente, Paul se sentia atraído pelas mulheres que conhecia, mas raramente isso o incomodava. Fazia parte da vida. Ele se lembrava de que sentiria a mesma coisa se fosse um homem casado que se sentia atraído por uma colega no trabalho.

Uma única vez, Paul havia se apaixonado profundamente durante sua vida monástica — por uma mulher que ele conhecera numa faculdade católica em Minnesota durante uma conferência sobre, justamente, a vida monástica. Ela era uma acadêmica inteligente, recentemente divorciada, de mais ou menos sua idade, e era fácil iniciar uma conversa com ela. Após algumas refeições conjuntas regadas de muitas risadas, Paul se deu conta de que estava se apaixonando. Quando a conferência terminou e Paul voltou para o monastério (e ela para sua universidade em Ohio), os dois continuaram se escrevendo. Dentro de poucos meses, ela lhe escreveu uma carta confessando-lhe o que sentia por ele.

Paul nunca lhe revelou seus próprios sentimentos, pois ele acreditava que essa revelação a levaria a crer que poderia haver um futuro para esse relacionamento. Até mesmo com uma boa dose de autoconhecimento e a despeito das centenas de quilômetros que os separavam, o relacionamento foi um desafio para Paul. No fim, ele teve que se lembrar da vida que havia escolhido e de como estava feliz como monge. Numa carta a ela, Paul lhe disse o quanto era grato pela sua amizade mas também que, talvez, escrever com tanta frequência não parecia ser uma boa ideia. Alguns anos mais tarde, quando ela se casou de novo, Paul se sentiu aliviado. Agora, eles se mandavam cartões de Natal.

Como abade, Paul conhecia também casos de monges que haviam se apaixonado por outros monges. Isso representava uma situação mais difícil, em vista dos desafios da proximidade. Normalmente, as coisas se resolviam quando os monges se concentravam no resto da comunidade, encontravam satisfação em seu trabalho e em sua oração e conseguiam se distanciar emocionalmente. Às vezes, porém, as coisas não se resolviam, e um ou ambos os monges acabavam saindo do monastério.

Já que ele estava conversando com seu antigo diretor de noviciado, Paul chegou à conclusão de que não faria mal mencionar o que estava em sua mente.

— Isso está se tornando um desafio para mim no que diz respeito à Anne.

— Você conhece o velho provérbio — Edward disse, voltando para sua poltrona. — Estes sentimentos desaparecem apenas dez minutos após morrermos. Enquanto reconhecermos esses sentimentos e nos lembrarmos de que, como monges, não precisamos fazer o que eles pedem de nós, estaremos bem. E é importante conversar sobre isso com Deus em sua oração. Tenho certeza de que já lhe disse isso mil anos atrás durante o noviciado, mas esses sentimentos lhe mostram que você continua vivo. — O padre Edward encolheu os ombros e continuou: — Às vezes, é uma luta, é claro. Mas que vida não enfrenta lutas? A chave é o amor. Enquanto sua castidade o ajudar a amar, você ficará bem. Pois isso é tudo que Deus quer de nós aqui: amor.

Paul se sentiu grato pelo encorajamento. As conversas com seu velho diretor de noviciado também o lembravam do tempo em que ele ainda tinha seu "primeiro fervor", como os monges diziam: o primeiro tempo após sua entrada no monastério, a fase em que ele ainda acreditava que o santuário era perfeita. Depois de um ano, a lua de mel chegou ao fim, como acontecia em todo relacionamento. Então Paul passou a ver o monastério como ele realmente era — como lugar em que as pessoas tentavam levar uma vida santa mas também como lugar tão confuso quanto qualquer outra comunidade humana. A lembrança dos fundamentos de sua vocação — por que ele havia escolhido essa vida, o que significavam seus votos — sempre reavivava seu ardor juvenil, o que então lhe ajudava em sua vida atual.

— Além do mais — disse Edward —, você tem sido uma grande ajuda para a Annie. Por que você não relaxa?

Paul consentiu com um gesto da cabeça, mais uma vez grato pelo conselho.

— Então, Ed. Vou me encontrar com ela agora. Reze por nós.

— Ah — ele respondeu. — Eu tenho feito isso desde que ela voltou para cá.

Após abençoar Edward, o abade saiu do quarto. A caminho de seu escritório, ele passou pelo jardim do claustro. Ainda lhe restavam alguns minutos antes de seu encontro com Anne, por isso, decidiu sentar-se no banco e aproveitar a vista, algo que ele não fazia muito desde sua eleição como abade.

As pequenas flores de corniso haviam caído alguns dias atrás, e o mesmo havia acontecido também com as pétalas rosadas das cerejeiras, mas as rosas vermelhas estavam em pleno florescimento, e ao longo das trilhas de pedra as bocas-de-dragão roxas balançavam ao vento. No início da primavera, o frei Stephen, o monge responsável pelos jardins do monastério, havia plantado beijos-turcos ao longo das trilhas de pedra, que não haviam agradado a Paul inicialmente. Excessivamente brega, ele havia achado. Mas hoje ele corrigiu seu preconceito anterior: os cachos de vermelho, laranja e rosa eram adoráveis à luz do pôr do sol. Um gaio-azul cantava nos galhos de um corniso.

O ofício de abade havia trazido alguns benefícios inesperados. Paul sempre tivera uma queda pelo phlox púrpura e pela boca-de-dragão, flores que ele lembrava do jardim de sua mãe, por isso, pediu ao frei Stephen que plantasse algumas delas no jardim do claustro, e Stephen disse que seria um prazer cumprir seu desejo.

“Seu precursor não sabia distinguir uma roseira de um ácer”, Stephen disse aos risos. Encorajado, Paul sugeriu no ano seguinte que o frei plantasse alguns arbustos roxos, cuja cores agora explodiam a cada ano e cujo perfume atraía uma abundância de beija--flores.

Juntas, as flores apresentavam uma vista maravilhosa, aquelas que ele amava e aquelas com as quais ele não se importava tanto. Seu apreço foi intensificado por seu humor descontraído, que ele devia à sua conversa com seu antigo diretor de noviciado, e pelo fato de que logo ele veria Deus operando na vida de Anne. *Sim*, ele pensou, *o jardim do claustro está maravilhoso hoje à noite. Como é lindo o mundo quando as coisas passam a fazer sentido.*

26

Anne estava esperando no escritório do abade. Já mais à vontade no monastério, ela também fizera amizade com Maddy na casa de hóspedes.

— Você já conhece o caminho — Maddy disse quando Anne chegou cedo para sua reunião com Paul.

— Eu venho trazendo presentes — Anne disse, levantando-se de sua cadeira.

— Obrigado — disse o abade, — quanta gentileza! — Ele estava carregando um grande livro vermelho, de cujas páginas fluíam fitas em múltiplas cores. Paul colocou o livro sobre a mesa.

Anne estendeu um pote verde cheio de petúnias brancas e roxas.

— São do meu jardim. Elas cresceram maravilhosamente este ano. — Pela porta do escritório, Anne olhou para o jardim do claustro. — Mas agora acho que trazer-lhe flores é como trazer-lhe geleia. Parece que vocês já têm mais do que precisam de ambas as coisas.

— Mas estas são um presente seu. Não temos estas ainda. E elas nos lembrarão de você e nos lembrarão de rezar por você.

Anne ficou maravilhada com a capacidade que Paul tinha de transformar uma situação embaraçosa em algo lindo.

— Preciso fazer-lhe uma pergunta estranha — ela disse, sentando-se em sua poltrona. Ela catou um fiapo do braço da poltrona. — Oh, sinto muito, isso foi rude — ela disse. — Antes de mais nada, como está o senhor?

— De forma alguma. Estou bem. O que você queria me perguntar?

— Tive uma experiência estranha na capela naquela noite. O senhor se lembra da nossa conversa em que falamos sobre imagens de Deus? Sobre como eu achava que Deus estava firmando o solo, e quando o senhor falou sobre Jesus, o jardineiro?

— Sim — disse Paul. — Lembro-me perfeitamente.

— Bem, depois da nossa conversa, fui até a capela e me sentei em um dos bancos. Eu não sabia o que fazer, já que não tenho muita prática em rezar. Seja como for, fiquei em silêncio durante um tempo. E comecei a pensar sobre a imagem de Jesus como jardineiro. Então, eu estava sentada ali e... — Ela pausou.

Paul disse:

— Continue.

— Isso vai lhe parecer estranho. — Anne hesitou.

— Aposto que não me parecerá nada estranho.

— Então. Ali estou eu, sentada no banco... e, de repente, me lembrei dessa música que eu amava na escola dominical, nem sei se ainda a chamam assim. Costumávamos cantar "*Morning Has Broken*". O senhor conhece essa música? Era bem popular na época.

— É claro que sim. — Paul começou a cantar em voz de barítono: — *Morning has broken, like the first morning. Blackbird has spoken, like the first bird...*

— Sim, essa mesmo — disse Anne. — Ei, sua voz é linda.

Paul sorriu.

— É praticamente um requisito básico por aqui.

Anne riu e continuou rapidamente:

— Bem, eu costumava amar aquele verso: *Praise for the sweetness of the wet garden, sprung in completeness where his feet pass*. Na verdade, perguntei para a minha mãe se aquilo realmente aconteceu, e ela disse que tudo era possível. Quando eu era pequena, eu imaginava Jesus atravessando o deserto, em Nazaré ou na Galileia ou sei lá aonde. Nem sei se existe deserto naquela região, mas eu imaginava flores nascendo em suas pegadas na terra seca. Então, estou sentada na capela, e, de repente, tenho essa imagem na minha cabeça: Jesus caminhando sobre terra árida e deixando flores para trás. Simplesmente apareceu na minha mente. E o estranho é o seguinte: ele estava usando o chapéu de jardinagem da minha mãe, o mesmo que eu ainda uso, e as luvas do meu pai, as mesmas que uso hoje.

Anne balançou a cabeça:

"Foi estranho. Tão vívido. Não como uma visão ou qualquer coisa parecida. Eu não o vi dentro da capela ou algo assim. Era mais como se ele tivesse aparecido na minha mente. Sem que eu tivesse feito qualquer esforço. Mas foi lindo. Nunca algo parecido havia acontecido comigo. Foi maravilhoso. Isso é normal?"

Paul sorriu.

— Sim, é normal. Não é algo que acontece todos os dias, mas esse tipo de experiência é bastante normal para pessoas que começam a rezar. E essas experiências são um presente quando acontecem. Algo mais lhe veio à mente?

— Bem — ela disse. — Eu me senti como se estivesse falando com ele, então eu disse: "Sinto falta dele." E então ele disse...

Anne fez uma pausa e olhou para sua blusa branca e suas calças de linho vermelho.

Paul esperou.

— Ele disse... "Eu sei." A voz de Anne tremeu. Ela se lembrava nitidamente daquele momento. — Foi lindo — ela disse. — Era como se ele realmente soubesse. E ele realmente compartilhou minha tristeza. E mesmo agora, enquanto estamos sentados aqui, lembro-me da pergunta que o senhor me fez sobre como Jesus se sentiu. Agora, sinto que ele realmente sentiu pena de mim.

Ela olhou para o abade.

— Não sei como devo pensar sobre isso. Isso lhe parece uma loucura?

— Não, de forma alguma. É o oposto de loucura.

— Isso tudo foi produto da minha mente ou aquilo realmente aconteceu?

— Por que não poderia ser ambos? — perguntou Paul. — Deus pode usar sua imaginação. De que outra forma Deus poderia se manifestar na oração? Afinal de contas, foi ele quem criou sua imaginação. E quer saber? Jesus *sente* pena de você. E "sentir pena" nem chega a expressar o que ele realmente sente por você. Na verdade, ele sente *com* você. Ele tem compaixão por você.

Anne pensou em outras ocasiões em que ela sabia que alguém não estava apenas sentindo pena dela, mas permanecendo ao seu lado em meio à dor. A diferença era enorme.

— Nunca experimentei algo como essa oração.

— Talvez Deus estivesse esperando pelo momento certo para se mostrar a você dessa forma — Paul disse. — E eu acho lindo. Você consegue confiar nisso tudo?

— Creio que preciso confiar que não esteja perdendo minha sanidade.

— Bem, se você estiver, então todos os santos e qualquer outra pessoa que tenha tido uma experiência de oração perderam sua sanidade. Inclusive eu.

— Esse tipo de coisa costuma acontecer muito quando as pessoas rezam?

— Todo tipo de coisa acontece quando as pessoas rezam — Paul disse. — O tipo de imagem que você vivenciou é apenas uma maneira de como Deus se mostra a nós. Em algumas pessoas, surgem principalmente emoções, como alegria ou satisfação quando refletem sobre Deus. Outras pessoas se lembram de episódios esquecidos, talvez da infância, e elas sentem que isso causa algum tipo de cura. Ou elas lembram o quanto Deus os amava mesmo quando eram jovens. Às vezes, é apenas um pensamento — a solução para um problema que tem lhes causado dor de cabeça. Todas essas coisas podem acontecer. Outras vezes, porém, nada parece acontecer. Isso pode ser frustrante. Mas em tempos assim, precisamos confiar que Deus está trabalhando em algum lugar profundo dentro de nós. Pois cada momento que passamos na presença de Deus tem um efeito transformador. Na verdade, nosso trabalho principal na oração é estar na presença de Deus e nos abrir para ele. "Apareça e cale a boca", como um dos nossos monges costuma dizer.

Anne ficou ouvindo.

— Sim, o que você me contou realmente acontece. A pergunta é: você acredita que isso seja Deus falando com você, dizendo-lhe que ele se importa? Você consegue acreditar que isso é real?

Anne olhou pela janela para o céu cada vez mais escuro. Durante o dia todo, ela havia ansiado por sua reunião com Paul. Durante o almoço, Kerry brincou com ela, após Anne admitir que ela gostava de visitar o santuário. "Querida irmã Anne", ela escreveu num e-mail mais tarde naquele mesmo dia, "quando você entrar no convento, não se esqueça de me mandar algumas amostras da geleia."

Não fazia qualquer sentido — obviamente, Anne não estava disposta a entrar num convento, e nem havia mulheres ali. Mas ela achou graça e respondeu: "Que Deus te abençoe, filha."

Como ela havia chegado nesse ponto, em que um monge a perguntava se ela acreditava na presença de Deus em sua vida? Havia sido um acaso que seu carro tenha quebrado e que ela tenha sido trazida para cá por Mark em meio à tempestade daquela noite? Ela teria se sentido à vontade para ligar para Mark se ele não tivesse passado em sua casa no dia anterior para informá-la sobre a janela quebrada e a bola de beisebol? Anne pensou em sua conversa com Brad e na expressão em seu rosto quando ela lhe deu a luva. Ela estava feliz por ter lhe oferecido algum consolo após tanto tempo.

Agora, sentada no escritório de Paul, ela se lembrou de um momento na vida de Jeremiah que havia esquecido durante muito tempo: quando ele lhe contou sobre o primeiro ponto que fez na liga de juniores. Ela não estivera lá para ver — e foi aí que jurou a si mesma que jamais perderia outro jogo —, mas ouvi-lo descrever como foi a sensação de acertar a bola e alcançar a primeira base parecia mais doce do que vê-lo com seus próprios olhos. A expressão no rosto de Jeremiah era de puro êxtase. Alegria irradiava dele quando ele lhe contou a história. Foi disso que ela se lembrou neste momento.

Anne se sentiu mais leve, como se algo novo estivesse se abrindo para ela. Não que ela não continuasse triste por causa da morte de Jeremiah ou não o quisesse ter de volta. Era o que mais queria nessa vida: tê-lo de volta. E ela continuava furiosa com Deus. Mas agora sentia também outra coisa. Anne sentia que Deus estivera com ela naquele dia no jardim. Ela realmente sentia. Ela sentia que Deus se compadecia dela. Ela realmente sentia. Não havia como negar isso.

Por isso, disse:

— Sim, acho que posso acreditar nisso.

— Fico feliz — disse Paul, reclinando-se em sua poltrona. — Pois este é o primeiro passo na oração: confiar que essas coisas que lhe acontecem vêm de Deus. Pense um pouco de que outra forma Deus poderia se manifestar a nós? Na maioria das vezes, Deus se manifesta por meio de coisas cotidianas, como por meio de relacionamentos, trabalho, família e amigos. Mas às vezes, como você mesma descobriu no jardim e na capela, Deus se manifesta de modo muito pessoal. E sabe o que é maravilhoso? Aqueles momentos foram feitos sob medida para você, Anne. Deus usa coisas de sua vida para falar com você: seu amor pela jardinagem, o chapéu de sua mãe, as luvas do seu pai. É um pouco como as parábolas.

— Perdão, mas não entendi.

— Sinto muito — ele disse, sorrindo. — Às vezes, eu deixo me levar pelo entusiasmo. Ele tirou os óculos para remover um pouco de poeira com o tecido de seu escapulário preto. — O que eu quis dizer é que, em suas parábolas, Jesus costumava usar coisas do dia a dia das pessoas, como pássaros, sementes, nuvens e coisas que as pessoas de seu tempo conheciam, e ele as transformava em histórias que lhes ajudavam a entender o amor de Deus. A mesma coisa acontece em nossa própria vida. Deus usa coisas do nosso dia a dia para nos ajudar a compreender seu amor por nós. Deus fala com você, Anne, de formas que você consiga entender, usando coisas de sua vida, coisas que você ama, para encontrar-se com você no ponto em que você se encontra. Nunca me canso de me surpreender com isso.

— Não sei bem o que fazer com tudo isso — Anne disse.

— Por que não deixar que Deus assuma a liderança? Por que não se abrir simplesmente para as maneiras em que Deus deseja estar com você?

— Ok — ela disse com um suspiro. — Mas ainda sinto falta de Jeremiah.

— É claro que sente. E você sempre sentirá. Mas agora eu lhe direi algo que eu não quis dizer no início, porque achava que você interpretaria isso de forma errada. Não sei se lhe ajuda saber que Jeremiah está com Jesus, o jardineiro. A pessoa que você conheceu na oração é a mesma pessoa que recebeu seu filho de braços abertos no céu.

A cabeça de Anne se curvou ao ouvir isso.

— Talvez eu não devesse ter dito isso — Paul disse. — Mas é no que acredito.

Anne conseguia reconhecer a torre da igreja por entre as folhas lá fora, e se lembrou das palavras de seu pai sobre a torre surgindo como o mastro de um navio que aparece no horizonte.

— Acho que eu também acredito nisso — ela disse.

O sino tocou chamando para as Completas.

— Ah! — disse Paul. — Esses sinos sempre me pegam de surpresa, ainda agora, após 25 anos. — Ele se levantou, alisou seu escapulário e perguntou: — Você gostaria de se juntar a nós?

— Por que não? — ela replicou.

27

Mark estava grato por Anne ter permitido que ele convertesse a garagem em uma oficina. No fim do verão, ele já havia retirado todo o lixo acumulado pelos inquilinos anteriores, as paredes estavam pintadas de branco, e um novo sistema de iluminação estava instalado — tudo com a aprovação de Anne. Não era uma oficina tão elegante quanto aquela de seu mentor em Cambridge — mas era um bom começo.

Ao longo das últimas semanas, Mark havia guardado dinheiro o suficiente para adquirir as ferramentas básicas de carpintaria, que agora estavam penduradas em placas brancas pregadas à parede da garagem. Sua picape era forte o bastante para resistir aos elementos do verão, portanto, havia espaço o suficiente para trabalhar no interior da garagem. E trabalho não lhe faltaria. Atraídos pelo barulho aparentemente irresistível produzido por martelos e serras, os garotos da vizinhança já haviam passado várias vezes pela garagem, o que garantia que seus pais saberiam o que Mark estava fazendo, o que resultaria em encomendas. Brad em especial se interessava pela oficina e começou a examinar as ferramentas de Mark e a conversar com ele sobre carros e garotas.

— Talvez eu não seja a melhor pessoa para lhe dar conselhos sobre garotas — ele disse a Brad numa tarde de sábado no final de agosto. Mark estava lixando uma pequena estante de pinho que ele havia projetado para ser colocado na escrivaninha abarrotada do padre Paul. Seria uma surpresa. Ele estava grato pelos conselhos que Paul lhe oferecera ao longo dos últimos meses e achou que seria uma maneira adequada de agradecer.

— Você deve estar brincando! — Brad disse, sentado no chão de concreto com as pernas cruzadas e olhando para o carpinteiro. — Eu vi a garota com quem você saiu uns meses atrás. Aquela garota alta? Com o Mercedes! Que gata!

— Nem sempre a beleza é a coisa mais importante do mundo.

Quando Brad arregalou os olhos como num desenho animado, Mark riu.

— Deixe-me mostrar-lhe o método certo de lixar — ele disse. — Creio que isso seja mais fácil de aprender.

Ao longo das últimas semanas, o padre Paul havia cumprido sua promessa de encontrar mais trabalhos de carpintaria no santuário. Mark já havia construído uma mesa de carvalho para o vaso de flores sob a imagem de Maria na capela. A antiga mesa de metal era frágil demais — ela ameaçava ser derrubada sempre que o hábito de um monge tocasse nela —, então Mark sugeriu construir um substituto. Sempre que ele passava pela capela, parava para contemplar a nova mesa delicada, mas sólida.

"Orgulho é um dos sete pecados capitais, você sabe disso, não sabe?", disse o frei Robert com um sorriso malicioso quando percebeu que o olhar de Mark descansava sobre a mesa nova.

Anne gostou do fato de Mark ter reorganizado a garagem, já que ela mesma nunca encontrara o tempo para limpá-la. Ela também respeitava as habilidades de Mark e gostou de ajudar-lhe em seu trabalho. Sabia que Mark continuava interessado nela, mas ela continuava sem qualquer intenção de namorar um garotão — por mais gentil que fosse. Mas ela gostava de ajudar Mark. Ele parecia até gostar de sua distância romântica e a tratava com um afeto comedido, mas perceptível.

Quando Anne perguntou o quanto ela lhe devia pela pintura e pelos reparos na garagem, ele balançou a cabeça.

— Você está me ajudando, portanto, não lhe custará nada. As melhores coisas na vida são de graça.

O padre Paul havia lhe dito a mesma coisa quando Anne ofereceu pagar por aquilo que agora ela reconhecia ter sido orientação espiritual. (Ela havia lido essa expressão num folheto que encontrou na casa de hóspedes.) Mesmo assim, fez uma doação anônima para o monastério. Ela ficou feliz quando o abade lhe disse que benção havia sido a doação de uma pessoa para renovar a capela. A primeira coisa que ele faria, ele contou a Anne, era substituir a velha mesa de metal sob a imagem de Maria.

A vida de Anne havia mudado ao longo do verão, algo que ela atribuía não só aos efeitos do tempo mas também ao tempo que passou no santuário. A expressão no rosto do padre Paul ficou séria quando ela lhe contou isso alguns dias atrás, quando passou no monastério para entregar mais flores.

— Não foi o santuário que fez isso por você — ele disse. — Foi Deus.

— Bem — disse Anne. — Se eu não tivesse vindo para o santuário, nada disso teria acontecido.

— E quem você acha que a trouxe para o santuário?

Anne estava prestes a dizer "Mark", mas percebeu que Paul estava tentando levar a conversa para ele. Então, ela simplesmente riu. Ela ainda estava com raiva de Deus por ele ter tirado Jeremiah dela. E ela ainda tinha dificuldades de acreditar que Deus estava por trás de todas as coisas boas que haviam acontecido. *Mas, talvez*, ela pensou, *ele estivesse por trás de algumas coisas boas*.

As fotos de Jeremiah ficariam na parede de sua sala. Na verdade, ela acrescentou algumas novas. Ao lado da última foto da escola, colocou a foto de seu batismo, uma foto que a mãe de Anne havia tirado. Anne a encontrou numa caixa em sua garagem. Ela acreditava que havia perdido essa foto e comprou uma moldura que combinava com a foto da escola que ela tanto amava. Anne e seu marido estavam segurando seu filho — que estava gritando em volume máximo — e ambos estavam radiantes de alegria. Os rostos de seus pais estampavam um sorriso satisfeito — como ela teve que admitir. Mas, provavelmente, estavam com o mesmo sorriso agora lá no céu após terem visto o quanto tempo ela havia passado no santuário. Anne ainda não estava pronta para ir à Missa — ela continuava ocupada demais —, mas reconheceu que algum dia isso seria possível.

Ao lado da foto do batismo de Jeremiah estava a fotografia de seu próprio batismo ministrado pelo padre Edward. Ela havia dado uma cópia para o padre Edward, que ele colocou em sua mesa. Alguns dias atrás, ele lhe disse que rezava por ela e por Jeremiah todas as noites.

28

Numa noite de domingo no final do verão, no santuário dos Santos Felipe e Tiago nos subúrbios da Filadélfia, o sino tocou anunciando as Completas. Os monges entraram na capela silenciosamente e, após se curvarem diante do altar, assumiram seus lugares. Os vinte e poucos monges pareciam homens comuns. Se eles tirassem seus longos hábitos brancos e pretos, eles poderiam ter sido contadores, advogados, encanadores, professores ou carpinteiros.

O abade, um homem magro de meia-idade com grandes óculos pretos, bateu sua mão direita contra a baia para sinalizar que as orações estavam prestes a começar. Ao lado do abade estava um monge mais velho, curvado, mas com cabelo grisalho denso. Ao seu lado estava seu andador de metal.

O sol estava se pondo, e os vitrais grossos não deixavam a luz entrar. A própria igreja era uma fonte de luz, e do lado de fora, as janelas brilhavam em um azul escuro, quase roxo.

— Senhor, que minha oração noturna se eleve a ti...

— E que tua ternura amorosa recaia sobre nós — responderam os outros monges.

No fundo da igreja, um grupinho de seis pessoas se espalhava pela seção dos visitantes. Uma mulher idosa, uma viúva que vinha ao monastério havia vários anos, atraída pela beleza física do lugar. Um estudante de graduação que estava pensando em se tornar padre ou monge, mas que ainda estava longe de tomar uma decisão. Um casal de meia-idade, professores de uma faculdade próxima, que adoravam o canto. E no fundo, mais próximas da porta, havia mais duas pessoas.

Uma delas era o carpinteiro do santuário. Segundo a lista telefônica do santuário, ele era oficialmente o "Diretor da Planta Física". Normalmente, o domingo era seu dia de folga, mas ele havia vindo para terminar de envernizar duas estantes que havia feito para a biblioteca. Era seu trabalho de carpintaria mais ambicioso até agora, e ele adorou fazer o trabalho.

O carpinteiro, um homem alto de cabelo louro escuro, sempre era bem-vindo nas orações do monastério, mas raramente as atendia. Hoje à noite, porém, com o verão chegando ao fim e o tempo ficando mais frio, o mundo lhe pareceu tão lindo. Algumas horas mais cedo, enquanto envernizava as estantes, ele sentiu uma súbita erupção de satisfação, como se tudo estivesse em seu devido lugar. Poucas coisas haviam mudado nesse verão, ele teve que admitir. Ele ainda não havia encontrado a mulher certa, essa esperança não havia se cumprido. Mas ele estava um pouco mais feliz em seu trabalho. Por isso, queria agradecer a Deus. O homem tirou seu boné suado dos Red Sox ao entrar na capela, sentou-se em um banco vazio e fechou seus olhos.

Três fileiras atrás dele, encontrava-se uma mulher bronzeada numa camiseta dos Phillies e em jeans desbotados. O carpinteiro não conseguia vê-la, e ela diria ao carpinteiro apenas alguns dias mais tarde que estivera lá, e ambos se divertiriam com esse fato. Ela havia tido um dia agradável arrancando ervas daninhas em seu jardim e preparando uma refeição agradável para uma colega de trabalho. E alguns minutos antes, ela havia visitado um monge idoso com um andador, que havia sido amigo de seus pais.

Se você visse aquela mulher, você se perguntaria o que a levara até ali. Você suspeitaria que era uma católica devota. Quem mais passaria uma noite de domingo num monastério? Mas ela não era o que você chamaria de católica devota. Ela não era uma típica frequentadora de igreja e nem conseguia se lembrar da última vez em que havia ido à Missa. Você pensaria que ela frequentava o santuário há anos e que conhecia bem o monastério. Mas isso também não seria uma descrição adequada dela. Ela conhecia apenas alguns dos monges. Talvez, você imaginaria que ela era um tipo de turista espiritual, colecionando amostras das mais diversas vertentes, e que, após descobrir a vida monástica, ela continuaria em sua busca pelo seu interesse. Mas isso também não a descrevia. Sua atração era mais profunda. Por fim, você poderia concluir que ela era uma alma perdida sem conexões verdadeiras em sua vida. Mas isso também seria um equívoco. Ela sentia um vínculo forte com seus amigos, com seu filho falecido e, agora, de forma renovada, com sua fé ou, pelo menos, uma fé. Como a maioria das pessoas, era difícil rotulá-la.

No entanto, se você olhasse mais de perto, reconheceria uma coisa claramente. Enquanto os monges cantavam sua última oração do dia, seu olhar parou na imagem de Maria segurando Jesus, apoiada numa mesa encostada na parede lateral da igreja. Ao lado dessa mesa, havia outra mesa menor de madeira com um vaso cheio de bocas-de-leão roxas. A mulher olhou várias vezes para a imagem durante as Completas.

Você veria também que ela acompanhava o canto dos monges. Era um hino que seu pai costumava cantar, um hino do qual ela havia se esquecido durante muito tempo.

Mas agora ela conhecia de cor cada palavra.

Agradecimentos

Esse romance se baseia num sonho. As personagens de Anne, Mark e Paul não se baseiam em indivíduos da vida real, a não ser inconscientemente. Além do mais, apesar de as conversas entre os personagens se apoiarem em experiências que eu tive como orientador espiritual e como alguém que recebeu orientação espiritual, nenhuma delas se baseia em uma conversa ou pessoa específica. As experiências, lutas e perguntas de Anne são comuns na vida espiritual — como também as de Mark e Paul. Por fim, o santuário de São Felipe e São Thiago não é um lugar real, mas é o resultado de minhas experiências com monges e monastérios trapistas e beneditinos que conheci nos Estados Unidos.

Eu gostaria de agradecer aos leitores de uma versão inicial deste manuscrito que generosamente contribuíram com suas sugestões: Jim Keane; Ron Hansen; Kathleen Norris; William A. Barry, SJ; Janice Farnham, RJM; Kerry Weber; Dan Pawlus; Louise Murray; Liza Fiol-Matta; Paul Mariani; e James Palmigiano, OCSO. Agradeço também a uma revisora humilde deste manuscrito que desejou permanecer anônima, mas que melhorou imensamente este livro com suas correções, comentários, acréscimos e conselhos. Obrigado também a Joseph McAuley pela sua ajuda de finalizar todas as correções. Obrigado a Heidi Hill por conferir todos os fatos e garantir que todas as flores florescessem na ordem correta. E obrigado à equipe da HarperOne, a Roger Freet e Michael Maudlin por seu encorajamento e apoio e a Noël Chrisman e Ann Moru por seus cuidados com o manuscrito.

Acima de tudo, agradeço a Deus pelo sonho e por todo o resto.

Publisher
Kaíke Nanne

Editora de aquisição
Renata Sturm

Coordenação de produção
Thalita Aragão Ramalho

Produção editorial
Jaciara Lima

Copidesque
Rafael Surgek

Revisão
Marcela Isense
Thamiris Leiroza

Diagramação
Abreu's System

Capa
Douglas Lucas

Este livro foi impresso no Rio de Janeiro, em 2016,
pela Edigráfica, para a HarperCollins Brasil.
A fonte usada no miolo é Hoefler Text, corpo 11,5/16,3.
O papel do miolo é Chambril Avena 80g/m², e o da capa é cartão 250g/m².